THE WISDOM OF THE DESERT

사막의 지혜

로완 윌리엄스의 사막 교부 읽기

이 도서의 국립중앙도서관 출판예정도서목록(CIP)은
서지정보유통지원시스템 홈페이지(http://seoji.nl.go.kr)와
국가자료공동목록시스템(http://www.nl.go.kr/kolisnet)에서
이용하실 수 있습니다. (CIP제어번호 : CIP2019019688)

THE WISDOM OF THE DESERT

사막의 지혜

로완 윌리엄스의 사막 교부 읽기

로완 윌리엄스 지음

민경찬·이민희 옮김

비아

차례

일러두기

1. 역자 주석의 경우 *표시를 해 두었습니다.

2. 성서 표기와 인용은 원칙적으로 『공동번역개정판』(1999)을 따르되 원문과 지나치게
   차이가 날 경우에는 대한성서공회판 『새번역』(2001)을, 이 또한 지나치게 차이가
   날 경우에는 역자가 영어 본문을 한국어로 옮겼음을 밝힙니다.

서문

    3세기 중반 이집트 사막에서 시작된 수도원 운동의 성장과 확장은 그리스도교 역사에서 매우 독특한 현상입니다. 그리고 이 현상은 오늘날까지 지속적인 영향을 미치고 있습니다. 심지어 그리스도인이 아닌 이들조차 사막 수도사들의 삶, 이들이 남긴 말과 일화에 손쉽게 매료되곤 합니다. 이는 아마도 이들이 지닌 어떤 힘 때문일 것이며 그러한 측면에서 이들을 이해하기 위해 이들의 말과 행적을 살피는 것은 그 자체로 우리에게 신앙적인 측면에서, 그리고 영적인 측면에서 큰 자극을 줄 수 있습니다. 오늘날에는 상상하기 어려운 이 괴짜 수도사들과 고대 세계는 어쩌면 경제학자, 사회학자, 정치가, 종교 지도자들이 미처 파헤치지 못한 현대 세계의 비밀을 간직하고 있을지도 모릅니다. 사막의 지혜는 설교의 형태가 아닌 가르침의 형태로 남아 있으며 이론이 아닌 체험에 기반을 두고 있습니다. 제도종교에 환멸을 느낀 많은 현대인에게 사막 수도 공동체는 이제껏 보지 못한 낯선 종교 집단으로 여겨질 것입니다. 이들은 모두 절대자로서 하느님을 만나는데 삶의 중심을 두었으며 하느님과 일치를 이루기 위해 그 무엇과도 타협하지 않았습니다. 하지만 그러면서도 그들은 재치가 있었고 겸손했으며 다른 이들의 신념이나 실천을 비난하지 않았습니다.

로완 윌리엄스가 명쾌하게 설명했듯 사막 수도사들은 철저하게 고독한 삶을 살았습니다. 그들은 고독을 추구했고 고독을 사랑했습니다. 그러나 동시에 그들은 공동체라는 현실적인 관계망에 속한 인격체들이었습니다. 그들이 비옥한 나일 삼각주에 있는 마을과 도시를 떠나 삭막한 사막에 처음으로 자리 잡은 시기는 3세기 중엽 데키우스Decius 황제가 그리스도인들을 광범위하게 박해했을 때로 보입니다. 박해가 멈춘 뒤에 몇몇은 그곳에 남았으며 몇몇은 더 세상으로부터 멀어지기 위해 '깊은 사막' 혹은 '완전한 사막'이라고 부른 큰 사막으로 나아갔습니다. 그들은 정치-경제적 사회와 가족을 꾸리는 삶을 철저하게 포기했습니다.

하지만 (그들이 남긴 금언, 그들에 관한 일화를 살펴보았을 때) 그들은 염세적이지 않았으며 세상을 증오하지도 않았습니다. 그들은 세상에 타협하는 생활을 포기한 것이지 하느님께서 창조하신 세계를 거부한 것이 아닙니다. 그들의 행동은 하느님을 향한 열망에서 나온 것이지 불관용과 근본주의에서 나온 것이 아닙니다. 그렇기에 그들은 자기의self-righteousness라는 늪에 빠지지 않았습니다. 그들은 이른바 경건한 사람들이 얼마나 쉽게 자기모순에 빠지는지, 교만이라는 죄에 손쉽게 빠져드는지를 알고 있었으며 다른 무엇보다 이러한 함정을 경계했습니다. 그래서 그들은 일찍부터 명망을 얻었지만, 그 명망에서 벗어나고자 더 깊은 사막으로 들어갔습니다. 그들이 포기한 세상의 기준을 그들에게 들이댔을 때 그들은 결코 '성공한 개인'이 아닙니다. 그러나 그들이 실제로 믿은 것을 두고 그들을 본다면 우리는 그들이 지닌 진정성authenticity, 그리고 단순성simplicity에 깊은 울림을 얻고 감탄하게 될 것입니다.

그들은 도망자가 아니라 전사였고 여행객이 아니라 순례자였습니다. 사막 수도 운동은 종교가 통일되지 않고 지리상 여러 지형이 맞물려 있는 곳에서 일어났습니다. 사람들이 밀집해 사는 곳 근처에 사막이 있는 나라는 이집트가 유일합니다. 현대인들에게 딸기 덤불이나 광야는 매우 추상적인 관념이지만 이집트에서는 현실 그 자체입니다. 이집트 지역에 사는 이들에게 사막은 언제나 현실이었습니다. 이집트 지역의 사람들에게는 언제나 긴 나일강을 따라 내려오며 이루어진 비옥한 검은 흙, 그리고 이와 대비되는 사막의 건조하고 푹석한 모래가 공존했습니다. 이집트인들이 다른 무엇보다 종교적 진리를 가장 보편적인 진리, 가장 고귀한 가치로 여긴다는 것을, 그들의 강렬한 종교성을 처음으로 언급한 이는 헤로도토스Herodotus 였습니다. 좀 더 이르게는 고대의 신들 이야기(생명을 관할하는 오시리스 Osiris와 호루스Horus, 적대, 어둠의 신인 세트Seth의 갈등)에서 이집트의 지리적 특성, 이집트인들의 종교적 열정을 엿볼 수 있습니다. 고대 신들처럼, 사막 교부와 교모는 인간의 마음을 두고 치열하게 분투했습니다. 그러나 그들에게는 새로운 무기가 있었습니다. 바로 그리스도의 힘, 그리스도로 말미암아 얻게 된 신앙이었지요.

위대한 선구자인 성 안토니우스St Antony*를 좇아 많은 사람이 사막으로 들어갔으며 니트리아, 켈리아, 스케티스 등에 일종의 수도 공동체가 형성되었습니다. 4세기 말에는 몇몇 원로들이 불평을 할 정도로 많은 수도사가 사막에 머물렀습니다. 팔라디우스Palladius에 따르면 4세기 말 니트리아에는 5,000명의 수도사가 켈리아에는 600명의 수도사가 있었다고 합니다. 무수한 순례자, 구도자, 방문객이 이

---

* 성 안토니우스 혹은 대大 안토니우스(c.251~c.356)는 '수도사들의 아버지'로 꼽히는 이다. 이집트 중부에서 그리스도인 농부의 아들로 태어나 269년 '가진 것을 팔아 가난한 이들에게 나누어 주라'는 복음서 말씀을 듣고 이를 따른 뒤 금욕생활에 투신했으며 285년 홀로 사막으로 들어가 철저한 고독 속에서 생활했다. 그의 명성을 듣고 수많은 이가 사막으로 와 그의 주변에 정착했다. 디오클레티아누스와 막시미아누스 황제의 그리스도교 박해 때는 순교할 각오로 알렉산드리아로 가서 사형 선고를 받은 신자들을 도와주기도 했으며 이단에 맞선 아타나시우스 주교를 지원하기도 했다. 아타나시우스가 저술한 『안토니우스의 생애』Life of Anthony는 사막 수도사 생활의 이상이 그리스도교 전체에 확산되는 데 커다란 영향을 미쳤다.

들을 찾아왔습니다. 어떤 이들은 수도사들을 괴롭히기도 했고, 어떤 이들은 감화되어 수도사가 되었습니다. 그러던 중 오늘날 루마니아에 해당하는 지역에서 한 젊은이가 사막을 찾아와 16년을 머물렀는데 그가 바로 요한 카시아누스John Cassian*입니다. 이후 그는 유럽으로 돌아가 마르세유에 수도 공동체(성 빅토르 수도원과 수녀원)를 설립했습니다. 당시 사막 수도원 운동은 아일랜드 서쪽 해안가에 이르기까지 이미 광범위한 영향을 미치고 있었습니다. 그러나 당시 유럽에서 진행된 수도원 운동은 이미 유명해진 사막 교부들의 얼마 되지 않는 금언들에 의존해야 했습니다. 주교들은 어떠한 규율 없이 산발적으로 퍼지는 평신도 운동인 수도원 운동에 우려를 표했고 카시아누스 역시 사막의 지혜를 제대로 가르치기 위한 적절한 방법이 필요하다는 주교들의 제안에 동의했습니다. 그 결과물이 바로 카시아누스가 저술한 『담화집』Conferences of Fathers입니다. 더 후세대인 성 베네딕도 St Benedict**는 사막 수도 생활을 본으로 삼아 스스로 수도 생활을 시작

---

* 요한 카시아누스(360~435)는 은둔 수도사로 동방과 서방 교회를 이어준 가교 역할을 한 이, 사막 수도사들의 정신과 영성을 유럽 대륙에 전하는데 커다란 기여를 한 이로 평가받는다. 오늘날 루마니아의 한 부유한 가정에서 태어나 베들레헴 수도원에서 수도 생활을 시작한 후 이집트로 가서 10년 이상 은둔 수도사 생활에 전념했으며 이후에는 에바그리우스Evagrius of Pontus를 만나 그의 제자이자 동료가 되었다. 399년에는 요한 크리소스토무스John Chrysostom의 제자가 되어 그로부터 부제품을 받고 이후 마르세유로 가서 두 개의 수도원을 세웠다. 그는 지역 주교의 요청에 따라 수도 생활과 영성 교육을 목적으로 『제도집』Institutes of the Coenobia과 『담화집』Conferences of the Desert Fathers을 저술했는데 이 책들은 성 베네딕도에게 지대한 영향을 미쳤으며 그를 통해 서방 교회에서 수도원 운동이 확산되는데 기여했다. 한국어로 『요한 카시아누스의 담화집』(은성), 『요한 카시아누스의 제도집』(은성) 등이 소개된 바 있다.

** 성 베네딕도 혹은 누르시아의 베네딕도(c.480~c.547)는 서방 수도 생활의 아버지로 불리

했습니다(규칙서에서 그는 식사를 마친 후에 카시아누스가 쓴 담화집을 읽을 것을 권했습니다).* 이 정도 설명만으로도 이집트 사막의 영적 선구자들이 서구 사회의 문화와 정신에 얼마나 깊이 들어와 있는지 짐작하실 수 있을 겁니다.

사막 수도사들에게 영감을 받은 베네딕도는 사막 수도원 운동을 서구 환경에 맞추어 새롭게 펼쳤으며 이는 이후 유럽 문명을 형성한 주요한 요소가 되었습니다. 로마의 붕괴 이후 찾아온 암흑시대를 거치는 동안 베네딕도 수도 규칙the Rule of Benedict은 또 다른 형태의 삶을 제시했으며 이를 유지할 수 있게 해주었습니다.

베네딕도회는 노동하는 삶, 세상에 대한 자신의 책임을 의식하고 경제적으로 자급자족하는 공동체의 삶을 제시했습니다. 이는 사막 교부들이 제시한, 복음을 철저하게 따르려는 삶을 좇은 결과였습니다. 베네딕도회의 삶은 그 자체로 문명화의 동인이었습니다. 그들은 권력을 쥐고 획일성을 강요하지 않았으며 스스로 본보기가 되어

는 베네딕도회(분도회)의 창시자다. 480년경 이탈리아 중부 움브리아 지방의 누르시아에서 태어나 부유한 가정에서 성장해 로마에서 수학했으나 혼란스러운 도시 생활에 염증을 느끼고 500년경 은둔 수도사 생활을 시작했다. 하지만 그의 명성이 널리 알려짐에 따라 수많은 이들이 몰려왔고 12개의 수도원을 조직했으며 530년경에는 서방 수도원의 발생지가 되는 몬테카시노 수도원을 건립했다. 이러한 가운데 상식을 존중하면서도 올바른 금욕생활, 기도, 공부 그리고 노동 및 한 명의 원장 아래 있는 공동체 생활을 규정하는 규칙서를 썼는데 이 규칙서가 서방 수도 생활의 기초 문헌으로 평가받는 베네딕도 수도 규칙The Rule of Saint Benedict이며 한국에는 『베네딕도 수도 규칙』(분도출판사)으로 소개된 바 있다.

* "만일 점심 식사가 있었을 경우에는, 저녁 식사를 마치고 나서 즉시 모든 이가 한곳에 모여 앉고 한 사람이 교부들의 담화집이나 전기를 읽든지, 혹은 이들을 감화시키는 다른 어떤 것을 읽을 것이다." 『베네딕도 수도 규칙』 42, 3.

그 정신을 전파했습니다. 당시 사람들은 왜 그토록 베네딕도회가 보여준 삶의 영향을 받았으며 그들에게 관심을 기울였을까요? 아마도 그들이 보여준 삶의 방식, 인격의 지속적인 성장을 약속하는 삶의 길에 참된 평화를 향한 인간의 갈망이 담겨 있음을 알아보았기 때문일 것입니다. (현대인들은 '전인성, 혹은 온전함'wholeness이라는 말을 더 선호하는 것 같습니다만) 거룩함Holiness에 이르기 위해서는 내적으로나 외적으로나 온갖 충돌에 맞서 몸, 정신과 영혼의 요구를 존중하는 일정 수준 이상의 평화가 이루어져야 합니다. 그리고 이러한 평화와 조화를 이루기 위해 가장 먼저 갖추어야 할 것은 우리 삶에 질서를 세우는 것, 올바르게 시간을 사용하는 것입니다. 베네딕도회에서는 이를 매우 중시합니다. 구성원들의 차이를 존중하지만 공동체로서 베네딕도회는 기도에 우선순위를 두고 이를 중심으로 시간을 현실적으로 관리함으로써 각 구성원의 '자아'ego를 통제합니다.

혹자는 이러한 베네딕도회의 규율이 문명을 구했다고 하지만, 베네딕도 본인에게 규율을 따르는 것은 신앙 여정의 시작일 뿐이었습니다. 사막 수도사들이 보여준 삶은 그에게 늘 전범으로 남았습니다. 외적으로 수도원 생활을 하는 것은 단순히 고독한 삶을 택한 것처럼 보일 수 있지만, 내적으로는 자신의 기도를 점점 더 순수하게 만드는 것을 뜻합니다. 수도사는 고독한 가운데 침묵에 집중하며 점차 말의 침묵으로부터 마음의 침묵까지 나아갑니다. 이 과정에서 그는 말로 하는 기도, 이미지, 개념, 외적 의례에서 벗어나 그 자신이 온전히 하나의 기도가 됩니다. 서구 수도원 운동은 제도화되면서 이러한 차원을 망각했습니다. 이러한 차원을 망각한 제도가 경직화되고 수도원 운동이 미친 정치, 경제적 영향력이 줄어든 것은 어쩌면 당연한 일인지도 모르겠습니다.

16세기 수도원 정신이 왜곡되고 무너져 내릴 때 영어권 수도 공동체 중 어떤 곳도 이에 저항하지 않은 점은 안타까운 일입니다. 오늘날에도 많은 수도 공동체가 자신들이 왜 더 넓은 세상과 연결되어야 하는지, 어떻게 연결되어야 하는지 알지 못합니다. 많은 수도원이 문을 닫고 있고 수도 공동체들은 점점 더 그 규모를 줄이고 있습니다. 그럼에도 수도사들은 여전히 있습니다(이것이 어쩌면 더 놀라운 일일지 모릅니다). 수도원 운동은 이어지고 있으며, 이집트 사막 수도 공동체에 관한 연구 또한 활발하게 이루어지고 있습니다. 인간 영혼에 있는 어떤 꺼지지 않는 불길을 본 이들, 수도 생활에 대한 열망에 타오르는 이들, 베네딕도의 말을 빌리면 "하느님을 추구하는" 이들이 여전히 있습니다.

아일랜드의 베네딕도회 수도사 존 메인John Main은 1969년 자신의 인생에서 가장 험난한 시기를 보내고 있었습니다. 자신이 속해 있던 런던 공동체에 갈등이 일어났고 그 결과 그는 미국의 한 수도원으로 가게 되었습니다. 이후 그는 수도회가 운영하는 학교의 교장이 되었고 문화 혁명을 마주해 그 속에서 여러 깨달음을 얻었습니다. 사막을 찾은 카시아누스처럼, 문화 혁명의 수혜자들인 어린 학생들은 메인을 찾아와 그리스도교 신비주의에 관해, 카시아누스의 담화집에 관해 물었습니다. 이를 계기로, 현대인들의 영적 궁핍에 관한 질문에 도움을 주고자 메인은 카시아누스의 책을 다시 읽었습니다. 그러던 중 그의 눈에 담화집 10장 '기도에 관하여'가 눈에 들어왔습니다. 여기서 카시아누스는 기도와 기도 하는 일의 어려움에 대해 언급합니다. 기도를 할 때 가장 어려운 부분은 주의를 기울이기 어렵다는 데 있습니다. 이에 카시아누스는 공식처럼 만든 한 줄의 기도문을 반복해서 묵상하고 되뇌어보라고 조언했습니다. 메인은 이를 영적 가르침의 절정으로 보았습니다. 단순한 성경 읽기, 내적인 고요함을 양성하는 훈련보다도 말이지요. 그는 짧은 기도문을 되뇌는 것이 단순한 수행이 아니라 인격체로서 드리는 기도의 출발점, 온전한 기도를 드리기 위해 반드시 거쳐야만 하는 훈련이라고 생각했습니다. 일찍이 그는 수도사가 되기 전에 아시아에서 명상meditation을 배운 적이 있었고 이는 그가 카시아누스의 권면이 지닌 가치와 의미를 깨닫는 데 도움을 주었습니다. 이후 존 메인은 자신이 깨달은 바를 사람들에게 가르쳐주고 영성 훈련을 인도했습니다. 이렇게 그리스도교 명상 국제 공동체World Community for Christian Meditation, WCCM의 씨앗이 뿌려졌습니다. 그리스도교 명상 국제 공동체는 사막 수도사들의 지혜라는 비옥한 땅에서 나온 하나의 열매일지 모릅니다. 존 메인 신부의 가르침은 결국 고대 사막 교부들의 가르침과 수행에 바탕을 두고 있기 때문입니다. 고대 사막 교부들에서 베네딕도회까지, 그리고 그리스도교 명상 국제 공동체까지 여기에는 어떤 일관된 흐름이 흐르고 있습니다. 그리고 이 흐름을 타고 사막의 지혜는 언제나 신선하고도 새롭게 우리에게 다가옵니다. 물론 오늘날 그 모습은 과거와 다를지 모릅니다. 오늘날 과거 사막 수도사들이 함께 모여 살던 니트리아나 스케티스와 같은 곳은 없습니다. 그러나 더 넓은 곳에서 흐름은 이어지고 있습니다. 묵상하고, 수행하고, 실천하면서 이 현대 사회에 거룩함을 새롭게 제시하는 전 지구적인 공동체가 만들어지고 있습니다. 이 새로운 시대에서 새로운 수도사들은 새로운 모습을 하고 있습니다. 전통적인 수도원 생활을 하는 이도 있지만 대다수는 그렇지 않습니다. 그들은 이전에는 화합하기 불가능해 보였던 것들(이를테면 깊은 영적 훈련과 부부의 사랑, 고독한 삶과 사회적 책임을 지는 삶)을 통합시키고 있습니다.

오늘날 거룩함을 말하기 위해서는 인류가 다문화적이고 다종교적인 상황 속에 있다는 것을 유념해 둘 필요가 있습니다. 이는 분명 그리스도교에 커다란 도전입니다. 그리스도인으로서 우리는 수도사들이 그랬듯 참된 하느님을 찾기 위해 사막 한가운데로 점점 더 나아가면서 우리가 상상하던 하느님을 버리고 성장해나갈 수도 있고,

아무것도 하지 않은 채 사막의 모래 속에 머리를 파묻고 있을 수도 있습니다. 무엇을 택해야 할까요? 현대인들은 오시리스와 세트 사이의 투쟁이나 두려움과 갈망 사이에서 분투한 사막 수도사들 못지않게 깊은 신앙과 피상적인 근본주의 사이에서 고민하고 있습니다. 로완 윌리엄스는 이는 우리가 날마다 분투하고, 또 분투해야 할 문제이며 인격체로서 결단을 내려야 한다고 말합니다. 그리스도교 명상 국제 공동체는 그와 오랜 우정을 나누었고 그 우정의 결과로 호주 시드니에서 개최한 2001년 존 메인 세미나를 그에게 부탁했습니다. 이 책은 그 세미나의 산물입니다. 다시 한번, 로완 윌리엄스는 그리스도인들의 정신을 새롭게 하고 넓히는데 중요한 공헌을 했습니다. 이 책은 하나의 깨달음은 언제나 또 다른 깨달음으로 이어지며 이 깨달음들의 연결고리를 거슬러 올라가면 우리가 어디로 나아가야 하는지 그 방향을 찾게 될 것이라는 그의 예언자적 통찰을 잘 보여줍니다.

로렌스 프리먼Laurence Freeman O.S.B
그리스도교 명상 국제 공동체의 책임자

엔조 비앙키 형제와 보세 수도원을 기억하며

들어가며

2001년 시드니에서 저는 그리스도교 명상 국제 공동체가 해마다 개최하는 존 메인 세미나를 인도했습니다. 세미나는 제게 예상치 못한 놀라움과 기쁨을 안겨주었습니다. 이 자리를 빌려 세미나를 인도할 기회를 주신 그리스도교 명상 국제 공동체에게 깊이 감사드립니다. 세미나 동안 로렌스 프리먼 신부님은 다양한 방식으로 지원을 아끼지 않으셨습니다. 특히 세미나에서 제가 이야기한 것들을 신부님께서 기록하고 다듬어 속기록으로 만들어 주신 덕분에 이를 바탕으로 저는 책을 집필할 수 있었습니다. 그러므로 최종 원고는 신부님이 만드신 세미나 기록에 커다란 빚을 지고 있습니다. 물론 최종 원고가 당시 세미나 내용과 똑같지는 않습니다. 질의응답 시간에 오간 이야기는 별다른 교정 없이 수록했으며 본문의 순서와 주제는 전반적으로 세미나 때 한 내용과 다르지 않으나 몇 가지 부분은 강조하는 차원에서 확장해 설명했고 참고할 만한 자료들을 추가로 붙였습니다. 하지만 저는 세미나 현장의 분위기, 현장에서 이야기한 언어의 질감을 책에 남겨두려 애썼습니다. 독자분들이 그렇게 느낀다면, 이는 프리먼 신부님이 세미나 현장에서 저의 이야기를 기록으로 잘 담아내셨기 때문입니다.

제가 사막 수도사들의 문헌에 진지하게 관심을 갖기 시작한 것은 사막 수도원 전통에 관한 탁월한 학자이자 주석가 중 한 사람인 베네딕다 워드Benedicta Ward 수녀님과 우정을 나누면서부터입니다. 사막 교부에 관심을 가진 이라면 반드시 봐야 할 문헌이 된 『사막 교부들의 금언』Sayings of the Desert Fathers을 수녀님이 처음 영어로 번역할 때부터 저는 그분을 알고 지냈습니다. 이 분야에서 활동하는 다른 연구자들과 마찬가지로 저는 수녀님에게 이루 말할 수 없는 빚을 지고 있습니다.[1]

거의 매번 책을 쓸 때마다, 특히 마무리 단계에 이를 때쯤이면 누군가 제 저작에서 다루는 주제와 매우 비슷한 주제로 더 나은 책을 출간했다는 소식을 듣곤 합니다. 저에게는 유감스러운 일이지만, 모

---

[1] Benedicta Ward, *The sayings of the Desert Fathers: The Alphabetical Collection* (Oxford/Kalamazoo: A.R.Mowbray/Cistercian Publication, 1975, revised 1984) 『사막 교부들의 금언 - 알파벳순 모음집』 (분도출판사)

든 이에게는 잘된 일이고 감사할 만한 일입니다. 이번에도 여지없이 원고를 마무리할 때 즈음 존 크리세브지스John Chryssavgis의 연구가 『사막의 심장에서 – 사막 교부와 교모의 영성』In the Heart of the Desert: The Spirituality of the Desert Fathers and Mothers이라는 제목으로 출간되었습니다.[2] 저는 이 책이 의심의 여지 없이 영구한 가치를 지니게 되리라 생각합니다. 저는 이 책이 정식으로 출간되기 전 미리 원고를 읽어 보는 즐거움을 누렸을 뿐만 아니라, 몇몇 문구를 이 책에 인용했습니다.

집필 마지막 과정은 이탈리아 북부에 있는 보세 수도원에서 이루어졌습니다. 보세 공동체 형제, 자매들이 베풀었던 환대를 저는 잊지 못할 것입니다. 이 책을 이들에게 헌정할 수 있어 기쁩니다. 관상 기도가 중심을 이루는 삶을 살아가는 그들은 현대 세계에서도 관조를 지향하는 삶이 생명력을 유지할 수 있음을 보여주는 징표입니다.

두 가지를 더 언급하고 서문을 마무리하겠습니다. 먼저 사막 전통에 관한 강연을 호주에서 했다는 것 자체가 저에게 남다른 울림을 주었습니다. 호주는 영토의 중앙이 사막인 나라고 사막은 그 자체로 영적인 울림을 자아내는 곳입니다. 공간으로서, 일종의 은유로서 많은 이는 사막에서 영적 탐구를 시작했습니다. 사막 전통을 탐구하는 이 세미나에 호주 교회 교인들은 열의를 가지고 진지하게 참여했고

---

[2]   John Chryssavgis, *In the Heart of the Desert: The Spirituality of the Desert Fathers and Mothers* (Bloomington, Indiana: World Wisdom Books, 2003)

저를 포함해 다른 나라에서 온 모든 참석자는 이러한 모습에 강한 인상과 자극을 받았습니다.

그리고 존 메인 신부를 기리는 세미나에서 사막 전통에 관해 이야기한 것 또한 저에게 각별한 의미를 지닙니다. 그는 오늘날 사막 전통의 가치와 의미를 가장 효과적으로 전달한 사람이었습니다. 그의 탁월한 영성은 4~5세기 그리스도교 영성, 특히 사막 전통에 대한 위대한 해설가인 수도사 요한 카시아누스의 작품에 깊이 뿌리 내리고 있습니다. 그리고 그리스도교 명상 국제 공동체는 그의 소명을 이어가고 있습니다. 그리스도교 명상 국제 공동체의 구성원들은 공동체의 믿음과 경험만큼이나 침묵을 나누면서 하느님을 향한, 그리고 이웃을 향한 헌신을 벼립니다. 세계 곳곳에 있는 많은 사람처럼 저는 이 공동체를 통해 헌신과 관조를 중심에 두는 교회가 어떤 모습을 할지, 어떤 느낌을 자아내는지 엿보고 감지할 수 있었습니다. 이 책이 우리가 살아가는 세계에서 문화 간 경계들을 가로질러 관조를 통해 새롭게 되는 교회를 발견하는 데 작게나마 보탬이 되기를 바랍니다.

이집트 사막에서 활동한 1세대 그리스도교 수도사들과 수녀들이 남긴 금언, 그들에 관한 이야기는 그들이 살아있는 동안, 혹은 그들이 세상을 떠난 직후 입에서 입으로 전달되고 수집된 것이 분명해 보입니다. 이러한 금언들과 이야기들이 기록으로 남기까지는 좀 더 오랜 시간이 걸렸습니다. 그러므로 오늘날 우리가 접하는 기록에는 불가피하게 편집의 흔적이 남아 있고 당시에는 그다지 중요하지 않던 주제들이 중요하게 다루어질 수도 있습니다. 사막 전통이 꽃피운 시기는 가장 오래된 금언 모음집들에 나오는 인물들이 자유롭게 활동한 350년과 450년 사이입니다. 누구보다 커다란 영향력을 행사한 인물인 대 안토니우스가 활동한 시기는 이보다 앞서지만 말이지요 (그는 356년 105세의 나이로 세상을 떠났습니다).

사막 전통에 속해 있다고 기억되는 이들 중 많은 이는 이집트 수도 세계가 극심한 위기를 겪을 때 살았습니다. 약 400년경 이집트 그리스도교 공동체(그리고 그들의 동료들, 후원자들)는 신학적인 문제로 분열됩니다. 당시 상황에 대한 기록들은 매우 편파적이기 때문에 세부적인 일들을 객관적으로 그려내기란 쉽지 않지만, 사변적이고 철학적인 관념들이 이들의 신학에 광범위하게 영향을 미쳤고 이로 인해 충돌이 일어난 것으로 보입니다. 이러한 관념들은 특히 3세기 위대한 신학자인 알렉산드리아의 오리게네스Origen of Alexandria*와 연관이 있습니다. 그는 탁월한 신학자였지만 그의 신학 사상에는 그리스도교의 전통적인 가르침과는 잘 맞지 않는 부분이 있었습니다. 그가 제시한 신학 사상, 혹은 사상에서 도출된 생각들은 인간의 몸에 대한 잘못된 태도를, 따라서 예수 그리스도를 통한 하느님의 성육신에 대한 잘못된 태도를 부추겼습니다. 여러 문헌에서 이를 두고 일어난 갈등의 흔적을 발견할 수 있습니다. 그렇다고 오리게네스 학파를 극렬히 반대했던 대주교 테오필루스Archbishop Theophilus**를 마냥 옹호할

---

* 알렉산드리아의 오리게네스(c.185~c.254)는 고대 그리스도교를 대표하는 신학자로 최초의 '조직신학자'로 꼽힌다. 185년경 알렉산드리아의 신실한 그리스도교 가정에서 태어나 당대 대표적인 신플라톤주의자인 플로티누스의 스승 암모니우스 사카스 문하에서 철학을 배웠다. 202년 부친이 순교하자 생계를 위해 문법 학교를 열어 커다란 성공을 거두었는데 당시 알렉산드리아 주교 데메트리우스에게 발탁되어 예비신자들의 교리 교육에도 헌신하게 된다. 250년 데키우스 황제 박해 때 붙잡혀 옥살이를 하며 모진 고문을 당하고 고문 후유증으로 세상을 떠났다. 그리스도교 변증에 탁월한 능력을 갖고 있었으며 구약성경에 대한 최초의 본문비평을 시도해 『핵사플라』Hexapla를 내놓기도 했다. 그의 대표작인 『원리론』On the First Principles은 최초의 그리스도교 조직신학 저작으로 꼽힌다. 한국에는 『켈수스를 논박함』Against Celsus(새물결), 『원리론』(아카넷) 등의 저작들이 소개된 바 있다.

** 테오필루스(c.345~412)는 알렉산드리아의 23번째 대주교이자 24번째 대주교였던 성 키릴루스의 외삼촌이다. 오리게네스주의에 매우 적대적이어서 알렉산드리아에서 대주교로 활동하던 시절 니트리아와 켈리아에서 오리게네스의 가르침을 받아들인 수도사들을 추방했다. 412년 세상을 떠나기 전 수도사들과 화해했지만, 사막 금언집에는 수도사들과 그의 모호한 관계가 그의 금언들이라고 여겨지는 글에 반영되어 있다.

수도 없습니다. 그의 행동에는 빛만큼이나 그늘이 있었고 이는 예상치 못한 결과를 낳았습니다. 그는 몇몇 금욕주의자를 이집트에서 추방했는데, 이후 추방된 이들은 팔레스타인에 정착했고 이들 중 몇몇은 오늘날 우리가 보는 금언들의 전통을 형성하는데 기여했습니다.

오리게네스 학파 중 가장 탁월한 신학자였고 훗날 많은 이에게 커다란 영향을 미친 에바그리우스*를 본으로 꼽기에도 석연치 않은 부분이 있기는 마찬가지입니다. 그렇기에 사막 교부들의 문헌을 살피는 것은 온갖 지뢰들이 매설된 땅 위를 걷는 것과 같습니다. 기도를 드리는 와중에 하느님의 은총이 극적인 현상으로 드러났다는 이야기(한 수도사가 홀로 기도하는 와중에 손을 들어 찬미를 드렸더니 손에 불이 붙어 활활 타올랐다는 이야기)는 물질세계에 대한 지나친 의혹에서 벗어나려는 움직임을 반영하는 것일 수 있고, 그 반대일 수도 있습니다. 고된 노동으로 가득 찬 일상과 아무런 보상도 받지 못하는 일에 초점을 맞춘 이야기들은 눈에 보이는 극적인 현상만 좇는 종교적 열

---

* 에바그리우스(345/6~399)는 그리스도교 영성가이자 수도사다. 폰투스의 이보라에서 태어나 379년 나지안주스의 그레고리우스에게 부제품을 받았다(그리고 그를 선생으로 모셨다). 380년 콘스탄티노플 공의회에 참석하여 이단들과의 논쟁에서 큰 활약을 했으나 이 일로 교만과 음욕의 유혹에 빠진다. 383년 이러한 생활을 청산한다. 이집트로 가 2년간은 니트리아에서, 이후에는 더 깊은 사막인 켈리아에서 14년 동안 필사가로 일하며 소량의 빵과 소금, 기름으로 금욕생활을 하다 399년 세상을 떠났다. 그가 세상을 떠난 이후 400년경 그를 따르던 무리가 오리게네스 논쟁에 연루되는 바람에 단죄를 받았지만 루피누스, 팔라디우스, 고백자 막시무스 등에게 영향을 미쳤으며 에바그리우스 신비주의 학파가 성행할 정도로 동방교회와 서방교회 양쪽에 커다란 영향을 미쳤다. 한국에 『안티레티코스』(분도출판사), 『프락티코스』(분도출판사), 『그노스티코스』(분도출판사) 등의 저작이 소개된 바 있다.

심에 대해 경고하는 것처럼 보입니다. 그리고 (실제로는 산란함이나 강박적인 정신 활동을 뜻하는) '생각들'*에 대한 다양한 논의들은 에바그리우스가 자신의 신학 저작에서 반복적으로 다루는 생각에 관한 논의와 비슷해 보이기도 합니다.

이러한 사막 이야기들에서 누군가는 겉으로 드러난 제안들만 받아들일 수도 있을 것이고, 누군가는 좀 더 복잡한 문맥의 흔적들을 발견할 수도 있을 것입니다. 중요한 것은 5세기 전반에 걸쳐 초기 주요 모음집들이 오늘날과 같은 형태를 갖추었고 교회는 이때부터 줄곧 근본적으로 내적인 일관성을 지닌 기도와 신앙생활을 위한 지침서로 주요 모음집들을 사용했다는 것입니다. 모음집에 속해 있지만 각 이야기가 강조하는 바는 분명히 다릅니다. 어떤 이야기들은 강조점의 차이를 넘어 서로 충돌하는 것처럼 보이기도 합니다. 그러나 이 이야기들은 한 데 모여 규율의 일부가 되었고 규율이 생동감 없이 획일화되지 않는 데 기여했습니다. 앞으로 좀 더 분명하게 이야기하겠지만, 교회는 이렇듯 다양한 수도사들의 관점과 여러 규율을 존중하고 이를 적절하게 받아들여 삶에 녹여낼 수 있을 만큼 건강한 토양을 갖추고 있었습니다. 금언집은 수 세기에 걸쳐 살아남았

---

* 에바그리우스는 그의 저작인 『프락티코스』에서 탐식, 음욕, 탐욕, 근심, 분노, 영적 태만, 헛된 영광, 교만 등을 여덟 가지 생각으로 제시하고 이 생각들이 우리 영혼을 괴롭힌다고 여겼다. 그리고 이를 잠재울 방법으로 독서와 밤샘, 기도, 굶주림, 수고, 고독, 시편 낭독, 인내, 자비 등의 수행을 제안했다.

고 다양한 방식으로 활용되었습니다. 그렇게 사막 전통은 흥미로운 방식으로 오늘날까지 이어지고 있습니다.

이 책에서 다룬 모든 금언의 출처는 그리스어로 기록된 두 개의 위대한 모음집인 '알파벳 모음집'Alphabetical과 '무명 모음집'Anonymous입니다. '알파벳 모음집'은 첫 번째 세대에 속하는 몇몇 인물과 관련된 이야기를 담고 있고, '무명 모음집'은 주제별 금언과 이야기를 담고 있습니다('무명 모음집'이라는 명칭은 해당 금언들과 이야기들을 다른 저자가 썼거나 저자가 없을 가능성도 있음을 알려줍니다). 두 모음집은 베네딕다 워드 수녀님이 모두 현대 영어로 번역했습니다. 이 책에서 두 모음집을 인용할 때는 제가 번역한 것을 쓰겠습니다만, 저의 번역문은 그녀의 번역문에 커다란 빚을 지고 있음을 밝혀 둡니다.

우리의 생명과 죽음은 이웃과 더불어 있는 것입니다.
우리가 형제를 얻으면 하느님을 얻지만,
형제를 걸려 넘어지게 한다면 그리스도를 거슬러
죄를 짓는 것이기 때문입니다.

01

—

생명, 죽음 그리고 이웃

우리의 생명과 죽음은 이웃과 더불어 있는 것입니다.

우리가 형제를 얻으면 하느님을 얻지만,

형제를 걸려 넘어지게 한다면 그리스도를 거슬러

죄를 짓는 것이기 때문입니다.

4~5세기에 활동한 위대한 수도사들이 남긴 글 중 어느 글을 읽더라도 분명하게 발견되는 특징이 하나 있습니다. 그것은 바로 그리스도의 몸 안에서 살아가는 삶이란 구체적인 공동체를 이루며 살아가는 삶, 이 세계에서 실제로 일어나는 활동이기에 관조contemplation나 묵상meditation 혹은 '영적인 삶'spiritual life에 대해 추상적으로 생각하

는 것은 불가능하다는 것입니다. 관조를 통해 하느님과 친밀함을 이루는 삶이란 함께 더불어 사는 삶으로 새롭게 거듭나는 과정이자 그 결실이라고 그들은 한목소리로 말합니다. 그러므로 사막 수도사들의 유산을 숙고해 보는 이 시간, 저는 그들이 함께 더불어 사는 삶에 대해 어떻게 생각했는지, 관조가 어디서 출발해 어디에 이른다고 여겼는지를 살펴보려 합니다. 이를 통해 우리는 주님을 찾고, 좇으며, 닮아가는 그리스도인들의 모임으로서 공동체를 기도의 삶, 함께 더불어 사는 삶 속에서 새롭게 거듭나게 할 원천을 발견하고 여기서 무언가를 배울 수 있을 것입니다. 우리는 '영적인 삶'이라고 불리는 낯선 삶에 관해 생각할 때 언제나 이를 홀로 사는 삶, 혹은 개인의 문제로 간주하려는 경향이 있습니다. 어떤 이들은 함께 더불어 사는 삶이 엉망진창인 데다가 괴롭고 아무런 희망도 보이지 않기 때문에 단순히 영적인 삶에 관심을 보이기도 합니다. 아침에 눈을 뜨면 마주하게 되는 구체적인 현실에서 '다른 사람들'이라는 존재는 모든 일을 지난하고, 고되고, 어렵게 만듭니다. 이러한 현실 가운데 우리는 우리에게 영성spirituality이 필요함을 깨닫습니다. 이때 영성이란 영원한 진리와 사랑을 감지하는 법을 익히는 것이며 영원한 진리 및 사랑과 보람 있는 관계를 맺는 것입니다. 그런데 바로 이 지점에서 사막의 수도사들은 우리에게 단호하게 말합니다. 함께 하는 삶을 도외시한 '영적인 삶'은 위험한 생각이자 유혹이라고, 우리의 친구, 우리의 적, 우리의 가족과 관계를 회복하지 않는다면 영원한 진리, 그리고 사랑과 온전히 관계를 맺을 수 없다고 말이지요. 달리 말해 우리가 영원한 진리, 그리고 사랑과 실제로 어떻게 관계를 맺고 있는지는 우리가 우리 주변에 있는 사람, 즉 이웃과 어떠한 관계를 맺고 있는지와 밀접한 연관이 있다고 그들은 힘주어 말합니다.

언뜻 보기에 수도원 운동은 어떤 타협도 없이 다른 사람들의 개입, 그리고 이들과 엮임으로써 수반되는 삶 전체를 차단하고 거부하는 운동처럼 보입니다. 나중에 좀 더 살펴보겠습니다만, 사막 수도 전통의 글들을 유심히 살피다 보면 공통으로 발견되는 표현이 있습니다. 바로 다른 이들에게서 "도피한다"는 표현입니다. 수도원 운동은 그리스도교인의 숫자가 급격히 늘어나는데 교회는 점점 더 부패하고 세속화되는 당대 상황에 대한 우려와 밀접한 연관이 있습니다. 사막에서 공동체를 일군 초기 수도사들과 수녀들은 당시 교회가 진실로 무엇에 관한 곳인지, 무엇이 되어야 할 곳인지가 '일상'에서 충분히 드러나지 못하고 있다고 확신했습니다. 그들은 교회가 진실로 어떠한 곳인지, 또한 어떠한 곳이 되어야 하는지 알고자 했습니다. 달리 말하면 어떠한 인간성을 지녀야, 어떠한 인간이 되어야 예수 그리스도를 통해 하느님과 교감을 나누게 되는지를 알고자 했던 것입니다. 사막 금욕주의자들 가운데 초창기 세대가 남긴 문헌을 살펴보면 그들이 '성령의 실험실'laboratory of the Spirit에서 한 수행은 어떻게 기도를 체험하느냐는 문제뿐만 아니라 삶과 죽음, 그리고 이웃과 관련해 어떻게 인간을 이해하느냐는 문제 또한 다루고 있음을 발견할 수 있습니다.

이와 관련해 가장 이른 시기에 사막으로 간 수도사이자 훗날 그리스도교 수도 전통에 가장 커다란 영향을 미친 안토니우스는 말했습니다.

우리의 생명과 죽음은 이웃과 더불어 있는 것입니다. 우리가 형제를 얻으면 하느님을 얻지만, 형제를 걸려 넘어지게 한다면 그리스도를 거슬러 죄를 짓는 것이기 때문입니다.[1]

한 세대가 지난 뒤 등장한 한 사막 수도사는 이와 견주어서 생각해 볼 만한 문구를 남겼습니다.

수도사는 자기 이웃에 대해 죽어야 하며, 어떤 식으로든 절대 그를 판단하지 말아야 합니다.[2]

---

[1] 안토니우스 9. 아타나시우스의 『안토니우스의 생애』의 서술과 비교해보십시오. 아타나시우스의 글을 통해 안토니우스 금언의 진위를 확인할 수 있습니다.

[2] 압바 모세가 압바 포이멘에게 보낸 일곱 개의 가르침 중 1.

이 문구를 남긴 이는 흑인 모세Moses the Black*로 초기 사막 수도 세계
에서 가장 생생한 개성을 지닌 인물입니다. 그에 관한 일화, 그가 남
긴 가르침은 많은 이야기에 등장합니다. 때때로 무정부주의자의 표
본처럼 그려지기도 하는 그는 에티오피아 사람으로서 노상강도를
하다 회심했는데(이래저래 인상적인 인물입니다) 놀랍게도 카이로 서쪽
사막에 있는 파라메오스 수도원 근처에는 그의 묘지가 지금까지 보
존되어 있습니다(이는 사막 수도 전통의 비범한 연속성을 보여주는 작은 징
표라 할 수 있습니다). 그는 수도 생활에 관한 금언을 압축적인 격언의
형태로 남겼는데 위 문구는 그 대표적인 예라 할 수 있습니다. 해당
문구는 다른 사막 전통의 위대한 선생인 압바 포이멘Abba Poemen**에
게 보낸 글에 나오는 것으로서 안토니우스가 남긴 말에 유래를 둔
것으로 보입니다. 그러나 그는 안토니우스의 말을 그대로 인용하
지 않고 비틀어 표현했습니다. 그렇기 때문에 모세의 격언을 처음
본 독자들은 이 말이 정확히 무엇을 뜻하는지 아리송해 할 수 있습

---

* 흑인 모세 혹은 압바 모세(330~405)는 에티오피아 출신 사막 수도사다. 이집트 사람의
종으로 있던 중에 약탈 행위를 하다가 쫓겨나면서부터 아예 악명 높은 강도단의 두목
이 되었다. 강도단을 소탕하고자 군대가 동원되자 스케티스 사막의 은둔 수도사들 틈
으로 숨어들었다가 그곳에서 수도사들의 거룩한 생활에 감명 받아 수도사가 되었다.
훗날 사제 서품을 받고 공동체의 원장이 되었는데 사제 서품을 받을 때 주교가 "검은
사람이 하얗게 되었네"라고 말하자 "속은 여전히 검다는 것을 하느님께서는 아십니
다"라고 대답한 것이 널리 알려져 있다. 75세 되던 해에 도적 떼가 수도원을 기습했을
때, 수도사들을 피신시킨 후 몇 명의 노년의 수도자들과 함께 그들을 막다가 전부 살
해되었다.

** 포이멘은 사막 수도사로 생몰연대는 불분명하다. 사막 금언집에 포이멘이라는 이름
과 관련된 금언들은 알파벳순 모음집 전체의 1/7을 차지하는 데 포이멘이라는 이름
이 당시 이집트에서 흔했기에 모든 금언이 한 사람에게 속한 것인지 확실치 않다.

니다. 그러나 안토니우스의 말대로 우리의 탄생과 삶, 그리고 우리의 죽음조차 이웃과 더불어 일어난다고 한다면 모세의 격언이 뜻하는 바, "이웃에 대해 죽어야 한다"는 말이 무엇을 뜻하는지를 가늠해 볼 수 있습니다. 즉 이 말은 우리가 다른 누군가를 판단하는 힘, 정죄하는 권력을 내려놓아야 한다는 뜻입니다. 이는 분명 우리에게 '죽음'처럼 다가올 만큼 어려운 일입니다. 이 격언의 기초는 모세가 남긴 또 다른 금언에 있습니다.

> 압바 모세가 말했다. "수도사가 마음속으로 자기가 죄인이라 생각하지 않으면 하느님께서 그의 말을 들어 주시지 않을 것입니다." 한 수도사가 물었다. "마음속으로 자기가 죄인이라 생각한다는 것이 무슨 뜻입니까?" 그러자 압바 모세가 말했다. "자기 잘못에 사로잡혀 있는 사람은 자기 이웃의 잘못을 보지 않는다는 뜻입니다."[3]

모세는 이를 수도 생활을 할 때 반드시 갖추어야 할 마음가짐으로 여겼습니다.

여기서 우리는 안토니우스의 분명하고 단순한 말에서 어떠한 생각들이 뻗어 나왔는지를 엿볼 수 있습니다. 그리스도인으로서 이웃

---

[3] 압바 모세가 압바 포이멘에게 보낸 일곱 개의 가르침 중 3. 이렇게 하지 않으면 어느 누구도 자신을 죄인으로 깨닫지 못한다는 암시가 담겨 있습니다.

과 더불어 사는 길은 이웃을 형제로 얻는 것, 다시 말해 이웃이 회심하여 예수 그리스도와 관계를 맺도록 인도하는 것입니다. 이 길은 나의 "죽음"을 수반합니다. 이웃을 형제로 얻기 위해서는 나 자신이 죽어야만 합니다. 덕과 선물들을 완강하게 붙들고 있는 나, 이웃의 영적 상태에 대해 왈가왈부할 수 있는 권리를 지녔다고 간주하는 나가 죽어야만 합니다. 내가 얼마나 실패하는지, 내가 얼마나 연약한지를 철저하게 깨달을 때만 '나'는 이웃에게 복음을 전할 수 있습니다. 이렇게, 특정한 방식으로 나와 이웃의 관계가 설정될 때 이웃은 하느님과 만날 수 있게 됩니다. 사막 교부들은 우리가 이러한 길을 걸을 때 비로소 은총의 삶 가운데 성장할 수 있다고 주장했습니다. '난쟁이 요한'John the Dwarf이라는 뜻을 지닌 요한 콜로부스John Colobus*는 말했습니다.

> "위에서 아래로 집을 짓는다는 것은 불가능합니다. 위에 이르려면 기초부터 시작해야 합니다." 형제들이 그에게 말했다. "그 말씀이 무슨 뜻입니까?" 그가 말했다. "기초는 우리가 얻어야 하는 우리 이웃입니다. 이웃은 우리의 시작 지점입니다. 그리스도의 모든 계명이 여기에

---

* 난쟁이 요한 혹은 요한 콜로부스(c.339~c.405)는 이집트 테세에서 가난한 그리스도인 가정에서 태어나 18세 때 스케티스 사막으로 가 12년 동안 압바 암모에스의 가르침을 받았다. 이후 그는 고독을 지키기 위해 스스로 땅속에 굴을 파고 수도 생활을 이어갔다.

달려 있기 때문입니다.[4]

신앙생활, 영적인 삶은 그리스도를 통해 이웃이 하느님과 만나는 길을 추구하고 이를 소망하는 데서 시작합니다. 그리스도인으로서 우리가 이 지상에서 보낼 날들은 이 길에 대한 전망, 그리고 이 길을 향한 소망에 달려 있습니다. 이 길을 걷는 가운데 우리는 자신에 대한 특정한 상像이 죽는 것을 경험합니다. 이웃이 하느님과 만나는 데 실패한다면 우리는 또 다른 죽음과 직면하게 됩니다. 바로 그리스도와 우리가 맺고 있는 관계의 죽음 말이지요. 이웃을 얻지 못하는 것은 그리스도께서 펼쳐나가시는 길을 가로막는 것, 모든 이에게 자신의 생명을 전달하려는 그리스도의 간절한 뜻을 차단하는 것과 다름없기 때문입니다.

사막 수도사들은 우리의 어떤 마음가짐과 행동이 이 길에 방해가 되는지, 어떠한 마음가짐과 행동이 그리스도와 다른 사람의 관계를 가로막는지에 깊은 관심을 보였습니다. 이른바 경건한 삶을 지향하며 살아갈 때 맞닥뜨리게 되는 가장 커다란 유혹은 하느님과 다른 사람 사이를 침범하고 방해하려는 충동임을 그들은 꿰뚫어 보았습니다. 종교인으로서 우리는 우리가 다른 사람들보다 하느님을 더 잘 안다고 생각합니다. 우리는 우리와 다른 이들이 하느님에게 다가가

---

4 요한 콜로부스 39.

는 길을 통제하려 들고 그렇게 할 때 편안함을 느낍니다. 성경은 이러한 우리의 모습을 폭로합니다. 복음서에서 예수는 다른 이들을 마주해 하늘나라의 문을 닫는 종교적 열심주의자들의 뒤틀린 모습을 날카롭게 지적합니다.

> 너희는 하늘나라의 문을 닫아놓고는 사람들을 가로막아 서서 자기도
> 들어가지 않으면서 들어가려는 사람마저 못 들어가게 한다.
>
> (마태 23:13)

설사 그들이 다른 이들을 회심시키고자 애를 쓴다 해도 문제는 줄어들지 않습니다. 그들은 자신들이 생각하는 바대로, 옳다고 여기는 방식으로 사람들을 회심시키려 애쓰기 때문이지요. 예수는 이러한 종교적 열심주의자들의 모습을 두고 회심한 이를 그들보다 배나 더 악한 이로 만든다고 질타합니다.

> 율법학자들과 바리사이파 사람들아, 너희 같은 위선자들은 화를 입을
> 것이다. 너희는 겨우 한 사람을 개종시키려고 바다와 육지를 두루 다
> 니다가 개종시킨 다음에는 그 사람을 너희보다 갑절이나 더 악한 지
> 옥의 자식으로 만들고 있다. (마태 23:15)

사막 교부들은 세상에서 벗어나 단순히 기도하는 공동체로 들어간다고 해서 하느님께 다가가는 다른 이들을 통제하려는 뿌리 깊은 열망이 저절로 사라지지 않음을 너무나도 잘 알고 있었습니다. 바로 이 때문에 그들은 누구보다 자기 자신에 대해 정직해야 한다고, 연장자나 원로는 중대한 순간에만 신중하게 자기 생각을 드러내야 한다고 주장했습니다.

모든 사람은 남을 조종하려는 충동에 너무나도 손쉽게 이끌립니다. 사막 교부들은 우리가 이러한 충동에 휘말릴 때 드러나는 대표적인 태도로 산만함inattention을 꼽습니다. 여기서 산만함이란 자기집착self-obsession과 자기만족self-satisfaction으로 인해 시야가 가려져 자기 앞에 있는 것을 온전히 보지 못하는 것을 뜻합니다. 이와 관련해 금언집은 한 젊은 수도사의 이야기를 들려줍니다. 젊은 수도사가 선배 수도사를 찾아가 온갖 유혹에 어떻게 대처해야 할지를 묻자 선배 수도사는 그에게 가혹할 정도로 고행을 하며 속죄하라고 말해주었습니다. 이 말에 절망감을 느낀 젊은 수도사는 좀 더 나이가 지긋하고 존경받는 원로를 찾아가 자문을 구했습니다. 그러자 원로는 젊은 수도사에게 선배 수도사에게 다시 돌아가 초심자, 수련 수사에게 진실로 필요한 것이 무엇인지 적절한 관심을 가진 다음 말을 해달라 요청해 보라고 조언했습니다. 자신의 내면에 도사리고 있는 혼란을 다루는 법을 진정으로 알지 못한다면 다른 사람의 요청에 결코 적절하게 반응할 수 없습니다. 사막 수도사들은 끊임없이 경고합니다. 타인에 대해 (그 사람의 이야기를 충분히 들어보지도 않은 채 미리 그 사람을 판단하고 규정한 다음) 가혹할 정도로 엄격한 태도를 보이는 것의 뿌리에는 타인뿐만 아니라 자기 자신에 대해서도 충분히 관심을 기울이지 않는 산만한 정신과 마음이 자리 잡고 있다고 말이지요. 누군가가 죄를 짓자 사람들은 집회를 소집한 뒤 압바 요셉Abba Joseph of Panephysis*을 초대해 그를 어떻게 할지 물었습니다. 그러자 압바 요셉은 답했습니다.

내가 누군데 말입니까?

이 말은 단순히 "상대방을 판단해야 할 나는 누구입니까?"라는 뜻만 갖고 있지 않습니다. 차라리 압바 요셉의 대답은 이렇게 풀어야 적절할지 모르겠습니다. "나 자신에 관한 진실도 온전히 모르는 내가 어떻게 다른 형제를 판단한단 말입니까?"[5]

사막 금언집에서 가장 긴 분량을 차지하는 이들 중에는 대大 마카리우스Macarius the Great**와 포이멘이 있습니다('목자'shepherd를 뜻하는 포이

---

5 파네피시스의 요셉 2.

* 파네피시스의 압바 요셉은 제자들과 함께 파네피시스에서 수도 생활을 했다. 압바 롯과 압바 포이멘이 그에게 조언을 구하곤 했다. 요한 카시아누스도 파네피시스의 압바 요셉 공동체에 잠시 머물렀으며 그의 『담화집』 11~17, 19~24의 배경이 되었다.

** 마카리우스(300~390)는 이집트 출신으로 시리아 사막 교부 중 한 사람이다. 니트리아에서 무역을 하는 낙타몰이꾼이었던 그는 스케티스 개척자들 중 한 사람이었다. 초기

멘은 한 사람이 아닌 여러 사람일 수도 있습니다). 이들은 모두 타인에 대한 엄격한 태도와 자기만족이 불러일으키는 위험에 대해 수없이 경고합니다. 우선 마카리우스에 관한 매우 인상적인 금언이 있습니다.

사람들은 압바 대 마카리우스가, 기록된 바처럼, 지상에서 신처럼 되었다고 한다. 하느님께서 세상을 보호하시듯이 압바 마카리우스는 자기가 본 과오들을 마치 보지 않은 듯이 했고, 자기가 들은 바를 듣지 않은 듯이 덮어 주었기 때문이다.[6]

다른 금언에서 원로가 된 마카리우스는 다른 이들을 절망에 빠뜨리는 조언을 일삼는 젊고 자신만만한 수도사 테오펨투스Theopemptus에 관한 소문을 듣고 그를 찾아갑니다.

단둘이 있게 되자 마카리우스는 그에게 물었다. "어떻게 지내십니까?" 테오펨투스가 대답했다. "압바의 기도 덕분에 잘 지냅니다." 원로가 물었다. "형제는 형제의 생각에 맞서 싸울 필요는 없습니까?" 그

수도사들이 그랬듯 그도 이곳 저곳을 여행했고 어떤 한 장소에 정착하지 않았다. 안토니우스의 영향을 크게 받았으며 적어도 두 차례 안토니우스를 방문한 것으로 보인다. 이른바 50여개의 영적 설교들은 마카리우스가 행한 것으로 간주되어 서방 교회에 상당한 영향을 미쳤지만 오늘날 교부학자들은 실제로 마카리우스가 한 것은 아닐 확률이 높다고 말한다.

[6] 마카리우스 32.

가 대답했다. "없습니다. 지금까지는 괜찮습니다." 그는 어떤 생각도 받아들이기를 두려워했다. 원로가 말했다. "저는 여러 해를 금욕가로 생활해왔고 모두가 저를 칭송합니다. 그러나 이 나이에도 불구하고 간음의 영이 저를 괴롭히고 있지요." 그러자 테오펨투스가 말했다. "압바, 진실을 말씀드리자면 저도 마찬가지입니다." 마카리우스는 계속해서 그밖에도 여러 생각이 자기를 공격하고 있다고 말했고 마침내 테오펨투스는 자신에게도 그런 일이 일어나고 있음을 고백했다. 테오펨투스가 고백을 마치자 원로가 물었다. "단식은 어떻게 합니까?" 테오펨투스가 대답했다. "제9시까지 합니다." 원로가 말했다. "조금 더 늦게까지 단식하십시오. 복음서와 다른 성경 구절들을 묵상하십시오. 생경한 생각이 일어나면, 절대 그것에 주목하지 말고 항상 위를 바라보십시오. 그러면 주님께서 즉시 형제를 도우러 오실 것입니다."[7]

누군가 자기만족, 타인을 정죄하고 판단하는 늪에 빠져 있다면, 단순히 그의 문제를 지적한다거나 비난해서는 문제를 해결할 수 없습니다. 인격적인 만남을 통해서만, 문제를 알려주는 나 자신에 관한 진실을 드러낼 때만, 나 또한 실패를 거듭한다는 것을 정직하게 노출할 때만 해결의 실마리는 나타납니다.

---

[7] 마카리우스 3. 가혹한 훈련에 대해 다른 압바에게 자신의 의견을 말하는 마카리우스 21도 참고하십시오.

마카리우스가 테오펨투스에게 그러했듯 내가 스스로 타인보다 높거나 우월한 위치에 있다고 조금도 생각하지 않을 때, 그렇게 '나'를 죽일 때, 우리는 이웃을 얻습니다. 그 이웃은 자신을 돌이킵니다. 마카리우스는 자신을 조금도 방어하지 않았습니다. 정당화하지 않았습니다. 그는 다른 사람이 처한 상황, 자기 자신을 정직하게 마주하지 못하는 상황에 자신을 집어넣는 방식으로 복음을 전했습니다. 많은 경우 이럴 때 우리는 상대에게 이렇게 말하고픈 유혹을 느낍니다. "당신이 이러한 유혹들로 얼마나 고통을 겪고 있는지 나는 잘 알고 있어요." 그러나 이 쉬운 길을 마카리우스는 거부합니다. 대신 그가 택한 길은 이웃을 향해 '나'를 죽이는 길, 다른 사람을 판단하고 정죄하기를 거부하는 길, 오히려 그 방향을 자기 자신에게로 돌리는 길입니다. 물론 금언집에서는 이와 정반대의 경우도 다루고 있습니다. 다름 아닌 자기 자신을 가혹하게 대하는 태도, 자기 자신을 정죄하는 태도 말이지요. 자신이 커다란 죄를 지었음을 인정하고 3년간 속죄의 시간을 가지려는 수도사에게 압바 포이멘은 말합니다.

원로가 말했다. "그건 과합니다." 형제가 물었다. "그렇다면 1년을 보내야 할까요?" 원로가 다시 말했다. "그것도 과합니다." 그곳에 있던 다른 사람들은 40일 정도는 속죄의 시간을 가져야 하지 않겠냐고 말했다. 포이멘은 다시 말했다. "그것도 과합니다." 그는 덧붙여 말했다.

"어떤 사람이 온 마음으로 회개하고 더는 죄를 지으려 하지 않는다면 하느님께서는 그를 3일 뒤에 받아주실 것입니다."[8]

누군가에게 그 사람이 얼마나 연약한지를, 그 사람이 진실로 무엇을 원하는지를 마주하게끔 이끌 때 그에게 어떤 규율을 강제한다거나 영적으로 나은 상태와 불안한 상태를 도식화한 다음 이를 그에게 적용하지 않도록 주의해야 합니다. 단 한 번도 인정하지 않은 (자신에 관한) 진실을 받아들이도록 설득하든, 그들이 이를 받아들이고 되새기고 거듭나게끔 자비롭게 돕든 궁극적인 목표는 진리와 사랑을 한 데 엮는 방식으로 하느님과 화해를 이루는 것입니다. 타인에 대한 정죄, 가혹한 판단은 그 사람을 절망으로 이끌 수 있습니다. 사막 교부들은 이와 관련해 숱한 금언들을 남겼습니다.[9] 앞서 살펴보았던 젊은 수도사가 경험이 부족한 선배가 건넨 거친 조언들 때문에 두려움과 자기혐오self-loathing에 빠진 이야기는 그 대표적인 예입니다.

누군가의 이야기를 들어주는 사람이 근본적으로 갖추어야 할 태도는 죄를 지은 상대가 선 자리에 함께 서는 것, 그 사람이 속한 층위에 함께 속하는 것입니다. 치유는 정죄나 비난이 아닌 연대solidarity

---

8   포이멘 12. 이와 비슷한 이야기가 시오에스 20에도 나옵니다.
9   마카리우스 3. 포이멘 62의 이야기도 참고하십시오. 자신을 죄인과 동일시하는 것이 어떻게 다른 사람의 가혹함을 고쳐줄 수 있는지를 보여주는 좋은 일화입니다. 포이멘 6에서도 포이멘은 너무 엄격하게 판단하는 은둔 수도사의 의견에 반대합니다.

를 통해 일어납니다. 압바 모세의 이야기를 보십시오.

스케티스에서 어떤 형제가 죄를 지었다. 집회가 소집되었고 압바 모세도 초대되었다. 하지만 그는 거기에 가고 싶지 않았다. 사제가 사람을 보내 그에게 말했다. "오십시오. 모두가 압바를 기다리고 있습니다." 그래서 압바 모세는 일어나 갔다. 그는 구멍 난 바구니에 물을 채워서 가져갔다. 다른 사람들이 나와서 그를 맞이하며 말했다. "압바, 이것이 무엇입니까?" 원로가 대답했다. "내 죄들이 뒤로 줄줄 새 나오는데, 나는 그것을 보지 못합니다. 그런데 오늘 나는 다른 형제의 잘못을 심판하러 가고 있습니다." 그들은 이 말을 듣고 아무 말 없이 그 형제를 용서했다.[10]

무명 모음집의 한 이야기에서도 누군가가 죄를 지어 집회가 열리고(누군가 잘못을 저지르면 사람들이 함께 모여 집회를 연다는 것도 인상적인 일입니다) 그를 향해 판결을 내리자 한 원로가 자리를 박차고 나갑니다. 사람들이 그에게 "압바, 어디 가십니까?"라고 묻자 원로는 답합니다. "저는 지금 막 유죄 판결을 받았습니다."[11] 이와 비슷한 압바

---

[10] 모세 2.

[11] 무명 모음집 123.

베사리온Abba Bessarion*의 일화도 있습니다.

사제가 죄지은 어떤 형제를 교회 밖으로 쫓아냈다. 압바 베사리온은 일어나 그와 따라 나가면서 말했다. "나 역시 죄인입니다."[12]

마카리우스는 스케티스에서 하느님과 같았다. 그는 자기가 본 과오들을 마치 보지 않은 듯이 했고, 자기가 들은 바를 듣지 않은 듯이 덮어 주었기 때문이다.[13]

한 형제가 압바 포이멘에게 물었다. "제 형제가 죄를 짓는 것을 보면 그것을 감추는 것이 옳은지요?" 원로가 말했다. "우리가 우리 형제의 잘못을 감추는 바로 그 순간에 하느님께서 우리 자신의 잘못을 감추어 주시고, 우리가 우리 형제의 잘못을 드러내는 순간에 하느님께서도 우리의 잘못을 드러내십니다."[14]

---

12 베사리온 7.

13 마카리우스 32.

14 포이멘 64. 무명 모음집 186을 참고하십시오. 약간 더 복잡한 대답이지만 겸손을 갖추기 위해 같은 마음이 필요한 것을 알 수 있습니다.

* 압바 베사리온은 이집트 출신으로 4세기 말경 활동하였다. 신비한 부름을 들은 후 사막으로 들어가 안토니우스의 제자가 되었고 이후 마카리우스의 제자로 생을 마감했다. 철저하게 침묵과 단식을 유지하며 수도 생활을 실천했다. 지독한 가뭄에 비를 내리게 한 적이 수차례 있고, 나일강을 걸어서 건넜으며, 악마를 물리쳤다는 기록도 남아 있다.

또 다른 일화도 있습니다.

몇몇 원로가 압바 포이멘에게 와서 물었다. "하느님께 예배드리는 중
에 조는 형제를 보면 우리가 그를 흔들어 깨워야 합니까?" 압바 포이
멘이 대답했다. "나는 자고 있는 어떤 형제를 보면 그의 머리를 내 무
릎 위에 누이고 그를 쉬게 할 것입니다."[15]

이러한 이야기들을 통해 우리는 자칫 사막 수도사들과 수녀들은 (최
소한 이 책에서 언급하고 있는 이들은) 죄에 별다른 관심을 기울이지 않
았으며 다른 사람과 관계를 맺는 것과 관련해서도 아무런 비판의
식 없이, 수동적으로 다른 이를 그저 받아들인다고 오해할 수 있습
니다. 그러나 그들이 택한 방식을 오늘날 유행하는 '나도 옳고, 당신
도 옳다'는 방식으로 착각해서는 안 됩니다. 그들은 죄, 즉 하느님에
게서 떨어져 나오는 일, 소외되는 일이 실제로 일어날 수 있다고 보
았고 이를 매우 심각한 문제로 여겼습니다. 가혹한 환경 속에서 삶
의 목적을 (자기를 죽여) 이웃을 얻는 데 둔다면 그 삶은 필연적으로
지난하며 고되고 희생을 치러야 하는 과정을 수반할 수밖에 없습니
다. 게다가 이 어렵고 심각한 활동을 이어간다 해서 반드시 그 활동
이 성취된다는 보장도 없습니다. 그럼에도 그들은 하느님으로부터

---

[15] 포이멘 92.

분리되고 떨어져 나오는 일, 떨어져 나온 상태의 심각성은 오직 자기와 관련해서, 스스로의 체험을 통해서만 알 수 있다고 생각했습니다. 이와 관련해 압바 모세는 포이멘에게 말했습니다.

> 우리가 자신의 잘못을 잘 살펴본다면 우리 이웃의 잘못을 보지 않을 것입니다.

그다음 모세는 좀 더 생생한 예를 덧붙입니다.

> 누가 자기 집에 죽은 사람이 있는데, 그를 거기 내버려 두고 이웃의 죽음을 애도하러 간다면 우스울 것입니다.[16]

여기서 모세는 죄를 축소하지 않습니다. 대신 그는 죄로 인해 우리 자신이 치러야 하는 대가를 보고 이를 인지할 수 있는지를 말하려 합니다. 자신이 얼마나 보지 못하는지를, 그렇기에 자신이 무엇을 진실로 필요로 하는지를 깨닫지 못한다면 우리는 다른 사람의 죄와 한계, 연약함과 필요에 대해서도 제대로 이야기할 수 없습니다. 하지만 그러한 와중에도 우리는 끊임없이 타인의 문제를 판단하고, 진

---

[16] 압바 모세가 압바 포이멘에게 보낸 일곱 개의 가르침 중 4와 7. 포이멘 6을 참고하십시오.

단하고, 정죄하거나 해결하고픈 유혹에 빠집니다. 그 사람이 자신의 문제는 신경 쓰지 않기를 바라면서 말이지요.

이를 온전히 새기지 못할 때 우리는 우리 자신과 타인에게 적절하고도 충분한 관심을 기울이지 못할 뿐만 아니라 완고하고 가혹한 태도를 고수하게 됩니다. 바로 이 때문에 사막의 수많은 수도사와 수녀가 이웃을 얻는 데 실패하는 주된 이유로 산만함과 완고하고 엄격한 태도를 꼽은 것입니다. 압바 포이멘은 타인에게 화를 내는 것이 정당한 경우는 단 하나뿐이라고 말합니다.

> 한 형제가 압바 포이멘에게 물었다. "이유 없이 자기 형제에게 화를 낸다는 것은 무슨 뜻입니까?" 그가 대답했다(분명 마태오 복음서 5:22*을 염두에 둔 질문이었을 것입니다). "당신 형제가 오만해서 당신에게 상처를 주고 그것 때문에 당신이 그에게 화를 낸다면, 그것이 이유 없이 화내는 것입니다. 그가 당신의 오른쪽 눈을 뽑고 당신의 오른손을 잘라서 당신이 그에게 화나게 된다면, 당신은 이유 없이 화를 내는 것입니다. 하지만 그가 당신을 하느님에게서 갈라놓는다면 그에게 화를 내십시오."[17]

---

17 포이멘 118.

* "자기 형제에게 성을 내는 사람은 누구나 재판을 받아야 하며 자기 형제를 가리켜 바보라고 욕하는 사람은 중앙 법정에 넘겨질 것이다. 또 자기 형제더러 미친놈이라고 하는 사람은 불붙는 지옥에 던져질 것이다." (마태 5:22)

자신이 타인을 올바르게 판단할 수 있다고 생각하는 이, 혹은 자신이 성숙한 신앙을 가졌기에 타인의 죄를 들추어낼 수 있다고, 그럴 만한 자격을 갖고 있다고 생각하는 이는 사람들이 아픔을 겪고 있을 때 일정한 거리에서 그 사태를 바라보고서는 자신감 있게 이에 관한 처방전을 제시하곤 합니다. 그러나 이러한 행동은 사실상 아픔을 겪고 있는 이들, 고통 받고 있는 이들의 영혼이 진실로 필요로 하는 것에 관심을 기울이지 않고 그저 그들을 내버려 두는 것에 지나지 않습니다. 이때 치유는 일어나지 않습니다.

좀 더 단호하게 말하면 이는 그들과 하느님의 일그러진 관계를 도외시하는 것일 수 있으며 더 나아가 그나마 있는 그들과 하느님의 관계를 끊어버리는 것일 수 있습니다. 이는 그렇게 하는 '나'와 하느님의 일그러진 관계를 반영하는 것이기도 하며 더 나아가 그나마 있는 '나'와 하느님의 관계를 끊어버리는 것이기도 합니다. 어떠한 식이든 영적 노예 상태에 빠진 이들은 그 상태에서 벗어나지 못하며 우리는 그들에게 충분한 관심을 기울이지 않음으로써 우리 스스로를 영적인 노예 상태로 내몰아 갑니다. 양쪽 모두 온전한 삶, 참생명을 누릴 수 없습니다. 예수가 한 표현을 빌리면 우리는 다른 사람들이 하늘나라로 들어가지 못하게 문을 닫아버릴 수 있을 뿐만 아니라 우리 스스로에게도 문을 닫아버릴 수 있습니다. 이 문을 열 수 있는 것은 우리가 연약하고 실패하는 존재임을, 다른 누군가의 손길이 필요한 존재 곧 다른 누군가와 함께 더불어 살아야만 하는 존재임을 깨닫고 이를 어떠한 유보도 없이 몸과 마음으로 받아들이는 것입니다. 그때 하늘나라로 향하는 문은 열리며 우리는 진리 안에 머물러, 진리와 더불어 살며 희망을 품고 앞으로 나아갈 수 있습니다. 바로 그때 하느님께서는 우리를 통해 우리 자신에게 그리고 우리와 만나는 이들에게 자신을 내어주십니다. 바로 그때 하느님께서 주신 선물을 통해 우리는 다른 사람을 하느님과 연결하는 도구가 됩니다. 바로 그때 우리는 하느님께서 우리를 창조하시며 우리에게 맡기신 역할을 온전히 수행할 수 있습니다.

· · ·

오늘날 그리스도인의 삶, 함께 더불어 사는 삶을 고민할 때 사막 교부들의 문헌이 어떠한 도움을 주는지 숙고해 보려 한다면 그 출발점은 성 안토니우스가 남긴 금언 중 핵심을 이루는 두 말, 즉 "삶" 그리고 "얻는 것"이 될 것입니다. 둘은 한 데 얽혀 우리에게 이웃과 함께 더불어 살아야 한 사람 한 사람의 고유한 삶의 목적을 발견할 수 있으리라고 말합니다. 한 사람의 삶은 함께하는 이웃과 손을 맞잡을 때, 연대를 이룰 때만 그 참된 모습을 드러냅니다. 여기서 '연대'는 그저 '같이 있는 것', '함께하는 것'이 아닙니다(우리는 연대를 이 정도 수준으로 여기는 경향이 있습니다). 이웃과 연대하기 위해서는 무언가를 소유하고 차지하며 '나'의 것을 끝까지 고수하려는 경향을 뒤로해야 합니다. 그렇게 해야 복음이 우리 존재와 말을 통해 울려 퍼질 수 있습니다. 안토니우스가 말한 "얻는 것"은 다른 사람에게서 무언가를 쟁취하는 것이 아닙니다. "얻는 것"은 다른 이가 생명을 내어주는 실재life-giving reality에 연결되게 하는 것, 그리하여 그 사람과 내가 참된 생명의 길에 오르는 것, 즉 온전한 삶을 이루는 것을 뜻합니다. 함께 더불어 사는 삶, 이 말은 그 자체로 현재 우리의 일상, 서로 한데 얽혀 살고 있는 상황에 관해 철저하게 숙고하도록 우리를 인도합니다.

함께 하는 삶이 제대로 이루어지고 있는지를 가늠하기 위해서, 한 사람의 사회적 실존social existence이 온전하게 여물고 있는지를 가늠하기 위해서는 우리가 서로 생명을 내어주는 실재에 연결되도록 돕고 있는지, 화해, 혹은 온전한 삶의 가능성이 얼마나 활성화되어 살아 숨 쉬고 있는지를 돌이켜 보아야 합니다. 함께 더불어 사는 삶에 대한 가장 커다란 위협은 자기를 정당화하기 위해 우리 곁에 있는 다른 인격체가 온전함을 추구하는 것을 가로막는 것입니다. 우리의 성공(이 맥락에서 그리 좋은 말이라고는 할 수 없습니다만)을 판가름하는 기준은 우리 곁에 있는 이들, 우리 주변에 있는 이들이 진리와 생명의 길로 나아가게 하느냐는 것입니다. 물론 눈에 보이는 모습만으로는 누군가 진리와 생명의 길로 나아가고 있는지 가늠하기 힘들기에 우리는 우리가 성공적으로 이 일을 하고 있는지, 하지 못하는지 알 수 없습니다. 우리는 다만 서로에게 말을 건네며 서로가 얼마나 분투하고 있는지, 서로가 얼마나 연약한지를 알고 되새길 뿐입니다. 하느님께서 우리 가운데 계시며 우리를 용서하시고 다른 이들과 화해를 이루라고 그침 없이 우리를 부르고 계심을, 그분께서는 실패하지 않으심을 신뢰하면서 말이지요.

제대로 된 인간 집단은 하느님 밑에서 집단으로서 해야 할 일을 수행하기 마련입니다. 그러한 집단에 속해 있을 때 우리는 하느님께서 우리에게 주신 과제를 회피하지 않고 감당하는 법을 익힐 수 있습니다. 다양한 경쟁을 부추기는, 그리고 경쟁으로 돌아가는 사회에서 우리는 은밀히 혹은 노골적으로 내가 무언가를 얻기 위해서는 다른 이가 그것을 잃어야 한다고, 내가 성취하기 위해서는 다른 이가 패배해야 한다고 가정합니다. 우리는 이러한 사고 자체를 성찰하고 이러한 경향에 대응할 수 있는 법을 익혀야 합니다. 이러한 사고방식은 교회에도 퍼져있으며 교회에서 갈등이 생길 때 구성원들의 불화를 부추기는 주요한 원인이 됩니다. 승리 아니면 패배라는 식, 얻지 않으면 잃는다는 식, 이것 아니면 저것이라는 식의 사고에 머물기보다 하느님의 뜻을 찾아 이에 순종해야 합니다. 그래야만 우리는 하느님의 이름으로 승리할 것이고 하느님의 뜻을 따라 얻게 될 것입니다. 사막 전통에도 논란의 여지는 있습니다. 그러나 이 사막 전통에서 나온 글과 이야기는 온갖 문제들을 잡담거리로, 세력 싸움으로 만들어버리는 오늘날의 글과 이야기를 근본적으로 돌이켜 보게 합니다. 이러한 흐름에 맞서 사막 전통은 경고합니다. 온갖 논쟁이 끊임없이 이어지고 그중 일부가 승리를 거두는 동안 다른 누군가는 하느님에게서 더 멀어질 수 있다고 말입니다. 그리고 묻습니다. 이러한 상황에서 그리스도인으로서 우리는 무엇을 어떻게 해야겠느냐고 말입니다.

교회는 자기를 정당화하는 과정과 전혀 관련이 없는 어떤 사건이 일어났기 때문에 존재하는 공동체입니다. 하느님의 진리, 하느님의 사랑은 예수를 통해, 그리고 그의 죽음과 부활을 통해 구체적으로 드러났습니다. 하느님께서는 당신의 진리와 사랑으로 당신만이 하실 수 있는 변혁을 일으키십니다. 하느님께서는 당신의 진리와 사랑으로 당신만이 하실 수 있는 말씀을 우리에게 들려주십니다. 그분은 이미 우리의 실패가 빚은 끔찍한 결과들을 처리하셨습니다. 그러므로 우리가 우리 자신을 구원하기 위해, 하느님 앞에서 정당해지기 위해 불안에 휩싸인 채 애쓸 필요는 없습니다. 교회의 존재 이유는 이러한 결정적인 변혁이 실제로 일어났음을 모두가 체감할 수 있도록 (변혁된) 현실을 생생히 드러내는 데 있습니다.

복음, 그리스도교의 증언에 따르면 불안은 자신이 올바르고 선하다는, 자신이 만들어낸 자아상自我像을 보호하려는 경향에서 나옵니다. 그러므로 교회는 불안에 사로잡힌 채 다른 어떤 세력과 경쟁하는 방식으로 자신의 미덕을 드러내서는 안 됩니다. 다른 어떤 세력을 악으로 만들면서 자신이 고난받고 있다고 해서는 안 됩니다. 다른 어떤 체제와 비교하면서 자신이 관대하다고 주장해서는 안 됩니다. 혹은 다른 어떤 집단보다 자신들이 배타적으로 자신들의 가치와 가르침을 수호하고 있다고 해서는 안 됩니다. 이러한 모든 움직임을 빚어내는 경향, 다른 무언가와 경쟁함으로써 자신을 드러내고자 하는 의지를 기꺼이 내려놓을 때 비로소 교회는 자신이 지닌 특성을 분명하게 드러낼 수 있습니다. 두려움과 강박에 함몰되지 않은 채 화해를 향한 희망을 품고 사람들을 인도하는 일에 집중할 때, 그리고 이런 사람들이 교회에 가득할 때 교회는 그리스도의 충만함을 드러내는 징표가 됩니다. 건강한 교회는 다른 이가 하느님과 연결되기를 바라며 그렇게 되도록 돕는 공동체입니다. 건강한 교회에서는 다른 누군가가 회심함으로써 우리가 하느님을 얻고, 우리가 회심함으로써 다른 누군가가 하느님을 얻습니다. 건강한 교회에서는 모두가 자신의 연약함을 정직하게 바라보고 모두가 자신의 연약함을 정직하게 드러냅니다. 이러한 방식으로 살아가는 교회만이 (경쟁으로 점철된) 세상과는 다른 말을 사람들에게 할 수 있습니다. 교회가 설사 이 세상에 아무리 새롭고, 성공적이며, 더 나은 길을 제시한다 할지라도 그로 인해 다른 이들의 희생이라는 대가를 치러야 한다면 이는 그리스도의 십자가가 궁극적으로 붕괴시킨 희생양 메커니즘을 복원하는 것이나 다름없습니다.[18] 이는 실로 암울한 일입니다.

물론 사막 수도사들은 속죄 이론에 관해 별다른 말을 남기지 않았습니다. 심지어 예수에 관해서도 그들은 그다지 많은 말을 남기지 않았습니다. 그러나 그들은 오직 복음이라는 맥락 안에서만 이해될 수 있는 내용을 말했고 이를 삶으로 살아냈습니다. 앞서 언급한 마카리우스와 테오펨투스 이야기처럼 그들이 날마다 실제로 읽고 생각한 것들은 그리스도인으로서 우리가 (자주는 아니나) 이따금 고민하는 문제들과 연관이 있습니다. 사막 수도사들이 한 모든 말, 모든 이야기의 핵심에는 두려워하지 말라는 그리스도의 명령을 삶에서 어떻게 따를 수 있느냐라는 질문이 자리하고 있습니다. 이웃에 대해 죽는 것, 타인을 판단하고 정죄하기를 거부하는 것, 압바 요셉처럼 자신이 누구인지를 자유롭게 묻는 것은 모두 두려움에서 자유로워지는 것과 관련이 있습니다.

같은 맥락에서 사막 공동체의 이야기와 말은 교회와 연관되어 있습니다. 과거에도, 그리고 지금도 교회의 소명은 두려움에서 벗어난 공동체가 되는 것이며 사막 공동체는 두려움에서 벗어나기 위해

---

[18] 희생양 메커니즘에 대한 전반적인 설명은 르네 지라르René Girard와 제임스 앨리슨James Alison의 글을 참고하십시오. 지라르의 글은 *Things Hidden Since the Foundation of the World* (London: The Athlone Press, 1987)을, 앨리슨의 글은 *Raising Abel* (New York: Crossroad, 1996)을 참고하십시오.

우리가 어떠한 몸과 마음의 습관을 익혀야 하는지를 보여줍니다. 그 습관이란 성경을 읽고 기도하는 가운데 끊임없이 하느님을 향해 정직하게 자신을 드러내는 것입니다. 이를 통해 우리는 하느님께서 우리 자신을 향해 뜻하시는 바를 온전히 깨달을 수 있으며 이를 바탕으로 자신이 진실로 어떠한 존재인지를 깨달아 자기 자신과 타인에게 적절한 관심을 기울일 수 있게 됩니다. 사막 전통에서 나온 글들을 읽으며 단순히 한 인간이 다른 인간이 베풀어야 할 관대함이나 친절함에 관한 이야기, 말로 여긴다면 이는 글을 완전히 잘못 읽은 것입니다.

어느 누구도 판단해서는 안 되고 정죄해서는 안 된다는 사막 교부들의 이야기는 오늘날 유행하는 '너도 옳고 나도 옳다'는 식의 이야기와 매우 유사하게 보일지 모릅니다. 누구도 판단하지 않으려는 태도, 누구도 정죄하지 않으려는 사막 수도사들의 태도는 절대적으로 옳고 그른 것, 진실과 거짓을 규명하기를 꺼리는, 이른바 '탈근대'적인 뉘앙스를 풍기는 것 같아 보입니다. 그러나 사막 교부들의 이야기와 말은 사막의 산물이었음을 기억해야 합니다. 사막은 다른 무엇보다도 진리를 발견하고 추구하며 되새기고자 몸부림치던 공간이었습니다. 18세기 어느 냉소주의자는 말했습니다. "하느님께서는 용서하실 것이다. 그게 그분이 하는 일이니까." 사막 교부와 교모도 하느님께서 용서하실 것이라는 점에 조금도 의심을 품지 않았습니다. 그러나 그들에게는 또 다른 확신이 있었습니다. 하느님께서 용서를 베푸시고 이를 받아들이면 삶은 반드시 변화한다고, 그분의 용서를 온전히 받아들이는 과정은 평생에 걸친 여정이라고, 용서를 받아들이는 과정은 이기적이고 게으른 우리의 생각과 행동의 습관을 철저하게 검토하고 바꾸는 과정을 수반한다고 그들은 믿었습니다.

이는 분명 지난한 일이며 그런 만큼 충분한 시간이, 여유가 필요합니다. 이때 우리는 한쪽 측면만 부각하려는 유혹에 휘둘립니다. 어떤 이는 이를 밀어붙여 우리가 위대한 성취를 이루어야 한다는 점, 인내를 감당해야 한다는 점을 강조하면서 그리스도인의 삶을 분투로, 드라마로 묘사하려 합니다. 어떤 이는 반대쪽을 부각하여 하느님의 사랑에 기대고 있기 때문에 어떤 실패를 저지른다 해도 이를 전혀 심각하게 여기지 않아도 되는 모든 긴장이 풀린, 여유로운 삶으로 그리스도인의 삶을 묘사하려 합니다. 그러나 참된 그리스도인의 삶은 이 둘이 하나로 엮여 있는 삶입니다. 그러나 그렇게 하기란 결코 쉬운 일이 아닙니다. 우리는 둘(극도로 긴장된 상태에서 모든 노력을 쏟아붓는 삶과 모든 긴장을 내려놓고 평안을 누리는 삶) 중 하나를 상상할 수는 있습니다. 그러나 이 둘이 동시에 함께 이루어지는 것은 상상조차 하기 어렵습니다.

사막의 선생들은 우리가 빠질 수 있는 최악의 상태에 대해 점검해 볼 수 있는 다양한 방법을 알려줍니다. 안토니우스를 대표로 하는 선생들은 우리가 숨을 거둘 때까지 온갖 시험과 마주하기를 회피해서는 안 된다고 말합니다.

> 압바 안토니우스가 압바 포이멘에게 말했다. "하느님 앞에서 언제나 자기 죄에 책임을 지고 마지막 숨을 거둘 때까지 유혹을 마주하는 것, 바로 이것이 인간이 해야 할 위대한 일입니다."[19]

시험이 끝난 것으로, 내적 갈등이 종지부를 찍은 것으로, 산만한 사고가 완전히 종식된 것으로 보인다면 그것이야말로 위험한 일이라고 경고하기도 합니다.

> 압바 포이멘은, 압바 요한 콜로부스가 근심에서 벗어나도록 자기에게서 모든 욕정을 거두어 달라고 하느님께 기도했다고 한다. 그는 한 원로에게 가서 말했다. "제게는 어떤 원수도 없어 평화롭습니다." 원로가 그에게 말했다. "가서 하느님께 싸움을 일으켜 달라고 청하십시오. 그래야 전에 가졌던 겸손과 고뇌를 다시 얻을 수 있을 것입니다. 영혼은 싸움을 통해서 진보하기 때문입니다." 그래서 그는 하느님께 청했고, 싸움이 왔을 때 더는 그것을 거두어 달라고 기도하지 않았다. 그

---

19 안토니우스 4.

는 "주님, 제게 싸울 힘을 주십시오"라고 기도했다.[20]

그들은 우리가 얼마나 연약한 존재인지를 철저하게 깨달아야 하며 이를 두고 끝없이 애통해해야 한다고 조언합니다.

> 한 형제가 원로에게 질문했다. "당신은 아직까지도 하늘나라에 이르
> 는 경로를 발견하지 못했습니까? 당신은 대단한 금욕생활을 하고, 속
> 죄를 위해 간절히 참회의 고행을 하며, 매우 뛰어난 지혜가이시지 않
> 습니까?" 원로는 대답했다. "세 번 다시 산다 해도 저는 제 죄를 위해
> 충분히 다 울지는 못할 것입니다."[21]

시나이 산의 성 요한 클리마쿠스St John Climacus of Mount Sinai*가 남긴 『거룩한 등정의 사다리』The Ladder of Divine Ascent에는 오늘날 이른바 '진보적인' 신자들이 본다면 끔찍하다고 여길 법한 참회의 고행들이 나옵니다. 하느님께서 자신들을 치유해주시고 받아주신다는 것을 알

---

20 요한 콜로부스 13.
21 디오스코루스 2.
*   시나이 산의 성 요한 클리마쿠스(c525~606)는 시리아 태생으로 16세에 시나이 산의 수도사 무리에 합류해 4년 후 서원했다. 이후 35년 동안 톨레에서 성경과 교부들에 관한 연구, 영적 지도로 큰 업적을 남겼다. 70세에 시나이 산 수도원장으로 선출되었으나 40여 년 살아온 은둔소에서 조용히 세상을 떠났다. 그가 저술한 『거룩한 등정의 사다리』는 중세 시대 가장 널리 읽힌 신앙 서적으로 수도사가 덕을 완성하는 30단계를 묘사하고 있다. 한국에는 『거룩한 등정의 사다리』(은성)가 소개된 바 있다.

면서도 자신의 죄와 이기심, 허영으로 인해 어떠한 대가를 치러야 할지 진지하게 고민했다는 것은 언뜻 잘 이해가 되지 않습니다. 그러나 그들은 하느님께서 자신들을 치유해주시고 받아주신다고 해서 자신의 죄와 이기심, 허영을 보고 뉘우치며 돌이켜야 한다는 과제가 사라지지는 않음을 잘 알고 있었습니다. 이러한 과제를 감당함으로써 그들은 하느님께서 자신들을 치유해주신다는 것, 받아주신다는 것을 점점 더 신뢰했고 자신이 아닌 다른 죄인들을 온유하기 그지없는 마음으로 대할 수 있었습니다.

사막 수도사들은 하느님 앞에서 자신들의 죄 때문에 치러야 할 대가를 애통함에 눈물 흘리는 것으로, 참회의 차원에서 고행을 하는 것으로 대체하려 한 한 것이 아닙니다. 여느 그리스도인처럼 그들도 우리가 참회하기 전에 이미 하느님의 사랑이 우리에게 다가왔으며 그리스도를 통해 한 번에, 완전히 죄의 빚이 청산되었다는 것을 알고 있었습니다. 그러나 그들은 하느님께서 우리에게 사랑과 자비를 베푸신다는 진실을 빌미로 자신들과 타인들이 사랑과 자비를 필요로 한다는 또 다른 진실을 가려서는 안 된다고 확신했습니다. 사막 수도사들은 기도와 묵상을 통해 자신들이 얼마나 죄인인지를, 얼마나 하느님의 사랑과 자비를 필요로 하는지를 끊임없이 성찰했으며 이를 통해 다른 사람이 흘리는 눈물, 온갖 형태의 자기혐오self-hatred를 이해했습니다. 그들은 자신들이 아무런 자격이 없음에도 불구하고 하느님께서 그들을 받아들이셨으며 그들을 사랑의 시선으로 온화하게 대하심을 몸과 마음으로 알았기에 다른 이들을 어떻게 그리스도에게로 인도해야 하는지를 알았습니다. 그러므로 수도사들의 고행과 분투는 우리 눈 앞에 펼쳐진, 우리에 관한 진실, 우리가 처한 상황을 정직하게 마주하려는 치열한 노력으로 보아야 합니다. 그리고 그들이 보여준 여유는 우리의 삶이 궁극적으로 결코 고갈되지 않는 하느님의 사랑과 자비에 터하고 있음을 깨달았기에 이루어질 수 있었습니다. 19세기 위대한 성공회 수도원 개혁가였던 R.M.벤슨 R.M.Benson은 이 모든 통찰을 하나의 공식으로 요약해 표현했습니다.

나를 향해서는 차가운 마음을,

다른 사람을 향해서는 따뜻한 마음을,

주님을 향해서는 타오르는 마음을.

여기서 "나를 향해서" "차가운 마음"을 지닌다는 것은 자기를 혐오해야 한다는 뜻이 아니라 자기 자신에 관하여 가차 없이 정직해야 한다는 뜻입니다. 사막 수도사들이 그랬듯이 말이지요.

일상에서 우리는 (우리 자신의 연약함에 대한 정직한 응시에서 나오는) 자신을 향한 엄격한 태도와 (하느님께서 이러한 우리를 받아주시고 사랑하신다는 깨달음에서 나오는) 자존감 사이의 균형, 분투와 평안 사이의 균형을 모색해야만 합니다. 모든 그리스도인은 이웃과 그리스도의 관계에 커다란 관심을 기울여야 하며 그 관심은 이웃이 그리스도와 실제로 관계를 맺고 그의 삶이 변화되도록 돕는 도구로 자신이 쓰이기를 간절히 바라고 기꺼이 동참하는 것으로 드러나야 합니다. 하지만 그러한 관심은 다른 무엇보다 자신이 참생명을 품고 있는 하느님에게서 소외되어 일정한 대가를 치를 수밖에 없고 애통해야 할 만한 상태에 놓이게 되었다는 것에 대한 절절한 깨달음, 혼자서는 이러한 자기 자신의 연약함과 실패를 극복하지 못한다는 깨달음에 바탕을 두고 있어야 합니다. 하느님의 은총으로 우리는 그리스도교 공동체를 이루는 구성원으로서 하느님께서 베푸시는 사랑과 자비의 속성이 무엇인지를 배웁니다. 우리는 스스로의 노력으로는 우리의 죄를 극복할 수 없음을 압니다. 하지만 바로 그렇기에 고통을 겪고 있는 이웃, 어디에서 희망을 찾아야 하는지 모르는 우리의 이웃에게 말을 건넬 수 있습니다. 우리는 매일 우리가 선 자리를 상기하면서 이웃에게 말을 건네야 합니다. 우리는 모든 것을 이룬 성인이 아닙니다. 우리는 성장하기 위해 여전히 매일 분투할 수밖에 없는, 여전히 하느님의 끊임없는 자비와 사랑을 필요로 하는 인격체입니다.

앞서 말했듯 죄는 하느님께서 우리와 연대하심으로써, 하느님께서 우리처럼 되심으로써 치유됩니다. 죄의 권세는 하느님께서 그리스도를 통해 활동하심으로써 산산이 부서졌습니다. 이 활동으로 창조된 것이 바로 그리스도의 몸, 교회라는 공동체입니다. 이 공동체에서는 궁극적으로 서로를 통해서만 살 수 있습니다. 사막 수도사들과 수녀들이 다양한 방식으로 자기부정self-denial을 행한 이유는 바로이 때문입니다. 앞서 언급했듯 사막 금언집에는 극단적인 금욕주의를 경계하는 이야기도 있고 지나친 종교적 열정 때문에 오히려 좌절에 빠지는 것을 경계하는 이야기도 있으며 속죄를 위한 과도한 고행의 위험성을 지적하는 이야기도 있습니다. 사람들의 상태와 자리는저마다 다르며 훈련 또한 이에 걸맞게 이루어져야 합니다.

특정 훈련, 특정 규율만을 중시하거나 충분한 관심을 기울이지않은 채 다른 사람들에게 강요하면 그 결과는 모두에게 불행일 뿐입니다. 금욕을 어떻게 실천하든 간에 그 목적은 하느님과 이웃을 연결하는데 우리가 장애물이 되고 있지는 않은지를 돌이켜 보고 우리가 장애물이 되었을 때 우리 자신을 벼려내 연결을 수월하게 하는데 있습니다. 우리는 다양성을 염두에 두고 가혹하게 단일성을 밀어붙이는 일이 없도록 주의해야 합니다. 모든 고행은 우리 자신, 우리자신이 만들어내는 망상을 끊임없이 주의를 기울여 경계하며 성찰하고 조정하는 데 방점이 있습니다. 이러한 맥락에서 '주의를 기울이는 것'을 뜻하는 '넵시스'νῆψις가 훗날 동방 그리스도교 수도 전통에서 핵심 개념이 된 것은 그리 놀라운 일이 아닙니다.[22] 하느님을 향

---

[22] 무명 모음집 132~148을 참고하십시오. 후기 문헌들에서 '넵시스'가 어떻게 다루어지

한 인간의 깊은 욕구를 경시한다면 우리는 결코 화해의 도구가 될 수 없을 것입니다. 다른 누구보다 우리 자신에게 이러한 욕구가 있음을 깨닫지 못한다면 우리가 누구이고 무엇인지를 깨닫도록 도와주는 규율과 훈련은 우리에게 아무런 의미가 없을 것이며 교회 공동체 또한 우리에게 별다른 영향을 미치지 못할 것입니다.

사막 수도 전통과 관련해 최근 이루어지고 있는 연구 중 가장 흥미로운 주제는 첫 번째 세대 수도사들이 공동생활을 어떻게 이해했고 이를 얼마나 중요하게 여겼냐는 것입니다.[23] 나중에 좀 더 깊게 살펴보겠습니다만, 사람들과의 관계를 '피하는 것'과 그 관계를 '버리는 것'은 겉보기에는 크게 다르지 않다 할지라도 커다란 차이가 있습니다. 사막에서 수도사들이 익힌 것은 홀로 하느님과 소통할 수 있는 특별한 기술이 아니라 이웃을 위한 화해와 치유의 도구가 되는 법이었습니다. 그렇게 되기 위해 그들은 자신을 둘러싼 상황을 '피해' 사막으로 나아갔습니다. 이웃으로부터 도망치기 위해서가 아니라 이웃을 좀 더 온전히 이해하기 위해서 말이지요. 그들은 그 길이야말로 참생명의 길이자 이웃이 하느님과 연결될 때 온전히 이를 돕

는지에 관해서는 다음을 참고하기 바랍니다. *The Philokalia*, Vol 1 (London: Faber&Faber, 1979). 필로칼리아에서도 넵시스는 교부들이 주의를 기울이는 활동으로 기술되고 있습니다.

[23] 다음의 책들을 참고하십시오. Graham Gould, *The Desert Fathers on Monastic Community* (Oxford: Clarendon Press, 1993), Douglas Burtton-Christie, *The Word in the Desert* (Oxford/New York: Oxford University Press, 1993). 특히 8장과 9장에 주목하십시오.

는 도구가 되는 길이라 확신했습니다. 그러한 면에서 사막 수도사 첫 번째 세대가 모여 빚어낸 공동체는 매우 독특한 공동체였습니다. 사막 공동체는 인간이 연대할 수 있는 또 다른 방법을 제시하는 대안 공동체가 아니라 자신을 포함한 모든 공동체가 무엇에 우선순위를 두어야 하는지 철저하게 질문을 제기하는 공동체였습니다. 이는 오늘날에도 수도 생활 공동체가 지닌 가장 중요한 기능이라 할 수 있습니다. 이들은 교회를 향해, 사회를 향해, 더 넓은 세상을 향해 공동체의 존재 이유에 대한 근원적인 질문을 제기합니다.

사막 공동체들은 불가피하게 다양한 방식의 훈련을 해야만 했습니다. 다음 장에서 본격적으로 살펴보겠습니다만 이와 관련해 먼저 생각해보아야 할 점은 사막 수도사들이 대체 가능한 복제 인간이 아니라 한 사람 한 사람이 모두 뚜렷한 개성을 지닌 인격체였다는 점입니다. 다른 인격체가 하느님과 화해하기 위해 시도한 실천들과 삶의 형태를 자신 또한 추구해야 할 이상적인 길로 여기고 그 길을 따라 걸으라는 것은 자칫 자기 자신이 되기를 중단하라는 권고처럼 여겨질 수 있습니다. 물론 이는 금언을 잘못 읽은 것입니다만 이러한 권고가 꽤나 그럴듯해 보이는 이유에 대해서 생각해 볼 필요는 있습니다. 여기서 우리는 사막 수도사들과 수녀들이 왜 그토록 자기 자신에 대해 아는 것을 중시했는지를 숙고해 보아야 합니다. 하느님과 이웃을 연결하는 일을 돕기 위해서는, 하느님과 이웃이 관계 맺을 때 그 구체적인 통로라는 역할을 감당하기 위해서는 먼저 자기 자신에 대한 구체적인 진실과 직면해 마주하고 이를 몸과 마음 깊이 되새겨 보아야 합니다. 스스로 "나는 죄인이야"라고 되뇌는 것으로는 충분치 않습니다. 수도사들이 실천한 훈련들은 바로 이러한 문제의식의 산물이라 할 수 있습니다.

여기서 한 사람이 경험을 통해 길어낸 세부적인 깨달음은 다른 이에게 도움을 줄 수도 있고 그렇지 않을 수도 있습니다. 나의 경험을 통한 나의 깨달음이 다른 사람에게도 그대로 적용된다고 섣불리 가정해서는 안 됩니다. 중요한 것은 우리가 우리 자신에 관해 구체적으로 알아야 한다는 것입니다. 그리스도의 몸을 이루는 지체로서 다른 이가 하느님과 화해할 수 있도록 돕는 도구가 되기 위해서 우리는 우리 자신이 누구인지를 알아야만 합니다. '나'를 이루는 아주 작은 부분까지를 알아야 합니다. 우리 자신의 고유한 문제, 우리 안에서 하느님과 연결되는 데 장애물이 되는 요소는 무엇인지, 하느님께서 우리에게 주신 고유한 선물은 무엇인지를 알아야 합니다.

강조하지만 이는 모든 그리스도인이 동일한 수준으로 자신에 대해 알아야 한다는 의미가 아닙니다. 그렇게 되면 모든 이야기는 무너지게 됩니다. 사람들은 다양한 방식으로 자기 자신에 대해 알며 자신에 대한 앎을 매우 다양한 방식으로 표현합니다. 어린아이 또한 누군가를 하느님과 연결해 주는 인격체가 될 수 있습니다. 그러나 성인이 이를 그대로 따라 하려 한다면 이는 그 자체로 어려운 일일 뿐만 아니라 곤혹스러운 일만 생길 확률이 높습니다. 그리스도교의 가르침에 따르면 거룩함은 지식인과 교육받은 이들의 전유물이 아닙니다. 모든 이, 아이들이나 장애인들도 일정한 수준에서 사랑을 할 수 있습니다. 그리고 자기 자신을 진실한 눈으로 바라볼 수 있습니다. 자기 자신의 고유함을 인지하며 그것이 하느님의 손으로 빚어진 것임을 인식할 수 있습니다. 이는 분명 모든 현존하는 인간 안에 존재하는 능력입니다. 물론 그러한 인식이 정확히 어떻게 이루어지는지는 알 수 없습니다. 그러나 저는 아이와 함께 살아가는 이, 장애인과 함께 사는 이들이라면 제가 무슨 말을 하는지 알 그것으로 생각합니다.

이웃은 우리의 삶이자 생명입니다. 이웃이 하느님과 연결되게끔 하는 일은 결국 하느님과 우리 자신이 연결되는 일과 엮여 있습니다. 또한, 이웃은 우리의 죽음입니다. 이웃을 통해, 이웃과 마주해 우리는 우리 자신이 바라는 대로, 우리 자신의 방식을 좇아 우리 자신이 누구인지를 설정하고 우리 스스로 무언가를 이루었다고 생각하려는 경향, 우리가 소유하고 있다고 여기는 무언가에 집착하려는 시도들에 대해 사형선고를 받습니다. 사막 수도사들과 유사한 방식으로 바울은 자신의 편지에서 사도들이 겪는 고난과 분투가 어떻게 그리스도의 삶을 보여주는지, 어떻게 이를 통해 다른 이들이 희망을 회복하는지를 기술한 바 있습니다.

> 우리 속에서는 죽음이 설치고
>
> 여러분 속에서는 생명이 약동하고 있습니다. (2고린 4:12)

우리 자신을 내려놓고 이웃을 사랑하기란 고되고 어려우며 선뜻 내키는 일은 아닙니다. 때로는 억울한 마음이 들 수도 있습니다. 그러나 이 길에 익숙해질 때 이웃, 다른 이들은 생명을 발견하며 우리 또한 전혀 기대하지 못했던 선물, 즉 생명을 얻게 됩니다. 우리 곁에 있는 인격체가 하느님과 화해를 이루게 하는 통로가 될 때만 우리는 하느님과 함께 사랑을 나눌 수 있습니다. 다른 이를 삶, 생명의 원천과 연결할 때만 우리는 생명의 자리, 그리스도께서 정화하시고 점령하신 그 자리에 서게 됩니다.

한 배에서는 압바 아르세니우스가 하느님의 성령과 함께
완전한 평화 중에 침묵으로 항해하고 있었다.
그리고 또 다른 배에서는 압바 모세가 하느님의 천사들과 함께
꿀 케이크를 나눠 먹고 있었다.

02

침묵과 꿀 케이크

한 배에서는 압바 아르세니우스*가 하느님의 성령과 함께 완전한 평화 중에 침묵으로 항해하고 있었다. 그리고 또 다른 배에서는 압바 모세가 하느님의 천사들과 함께 꿀 케이크를 나눠 먹고 있었다.

4~5세기 이집트에서는 사막 수도사들의 명성에 힘입어 이들에게로 사람들을 안내하는 이른바 관광산업이 번성했습니다. 사람들은 먼 곳에서부터 위대한 사막의 원로들을 만나기 위해 사막을 찾았습

---

* 아르세니우스(c.360~449)는 로마의 귀족 집안에서 태어났다. 11년간 로마 황궁에서 아르카디우스 왕자와 호노리우스 왕자의 가정교사로 활동한 뒤 394년 황궁을 떠나 알렉산드리아로 간 다음 다시 스케티스로 가서 요한 콜로부스에게 가르침을 받았다. 이후 그는 스케티스에 있는 페르라 근처에서 독거 수도사가 되었고 알렉산더, 조일루스, 다니엘 세 제자를 두었다. 엄격함과 침묵으로 널리 이름을 떨쳤다.

니다. 그들이 원로들과 만나 대화를 나누었을 때 느꼈을 경이로움은 사막 금언집에 고스란히 배어있습니다. 이 장 제목과도 관련이 있는 이야기를 살펴봅시다.

스케티스에 있는 압바 아르세니우스를 만나러 온 한 형제가 있었다. 그는 교회에 와서 성직자들에게 압바 아르세니우스를 방문할 수 있느냐고 물었다. 그들이 말했다. "형제, 음식을 조금 드신 후 그를 만나러 가십시오." 그가 말했다. "싫습니다. 그를 만나기 전에는 아무것도 먹지 않겠습니다." 그래서 그들은 그 방문객에게 교회의 한 형제를 딸려 아르세니우스에게로 보냈다. 아르세니우스의 암자가 멀리 떨어져 있었기 때문이다. 그들은 도착해서 암자의 문을 두드리고 들어가 원로에게 인사 후 자리에 앉았다. 그들 사이에 아무 말도 오가지 않았다. 그러자 교회에서부터 그를 데려온 형제가 말했다. "이곳에 당신을 데려다 줬으니, 이제 나는 떠나겠습니다. 나를 위해 기도해 주세요." 아르세니우스를 방문하고 싶어 했던 형제도 그에게 불편함을 느껴서 말했다. "나도 당신과 함께 떠나겠습니다." 결국 그들은 함께 그곳을 떠났다. 압바 아르세니우스를 떠난 후 그 방문객은 다시 형제에게 부탁했다. "한때 강도였던 압바 모세에게 데려다 주십시오." 그래서 그들은 그리로 갔고, 압바 모세는 그들을 기쁨으로 환영하며 맞아주었다. 그들은 떠나기 전까지 함께 즐거운 시간을 보냈다. 방문객을 인솔

했던 교회의 형제가 질문했다. "지금까지 저는 당신이 외국인과 이집트인을 만날 수 있게 길을 안내했습니다. 당신은 어느 분이 더 좋았나요?" 방문객은 대답했다. "이집트인인 압바 모세가 제게는 더 좋았습니다." 사막 교부 한 사람이 이 말을 듣고 하느님께 기도했다. "주님, 이 상황을 제게 설명 좀 해주십시오. 당신을 위하여 한 사람은 사람들을 피했고, 다른 한 사람은 팔 벌려 그들을 맞이했습니다." 그때 강에 두 척의 배가 떠 있는 것이 보였다. 한 배에서는 압바 아르세니우스가 하느님의 성령과 함께 완전한 평화 중에 침묵으로 항해하고 있었다. 그리고 또 다른 배에서는 압바 모세가 하느님의 천사들과 함께 꿀 케이크를 나눠 먹고 있었다.[1]

한 사람 한 사람에게 주어진 각기 다른 소명은 어떻게 더 분명하게 드러날 수 있을까요? 사막 공동체에서 다른 무엇보다 주의를 기울이지 않는 것, 산만함을 경계했던 이유는 공동체의 구성원을 하느님께서 부르시는 방식, 구성원에게 하느님께서 주신 선물이 저마다 다르다는 것을, 이를 식별하기 위해서는 충분한 관심을 기울여야 함을 알고 있었기 때문입니다. "침묵"과 "꿀 케이크"는 10점 만점을 기준으로 채점한 뒤에 우열을 가릴 수 있는 류의 것이 아닙니다. 그러나 아르세니우스의 엄격한 태도에 어쩔줄 몰라 했던 방문객, 그리고

---

1 아르세니우스 38.

방문객을 아르세니우스에게 인도했던 형제는 우열을 가리려 합니다 (다른 이야기에서도 압바 아르세니우스는 침묵을 유지하기 위해 상대방이 불편함을 느낄 법한 발언을 하고 불친절한 태도를 고수합니다).[2] 두 사람은 어떻게 두 가지 방식이 조화를 이루는지 보지 못했습니다. 그러나 압바 모세와 아르세니우스는 서로의 방식에 조금도 불편함을 느끼지 않았습니다.

압바 안토니우스와 관련한 짧은 일화에도 이와 비슷한 부분이 나옵니다(앞뒤 맥락 없이 갑작스럽게 등장한 이야기이기는 하지만 말이지요).

> 사막에서 압바 안토니우스는 도시에 영적으로 자신과 대등한 한 사람이 있다는 계시를 받았다. "그는 의사인데 불필요한 여분의 것은 무엇이든 가난한 사람들에게 주고 매일 천사들과 함께 '거룩하시다'를 노래한다."[3]

이와 같은 주제가 담긴 일화들은 얼마든지 있으며 어떤 일화는 훨씬 더 자세하게 쓰여 있기도 합니다. 한 일화에서 한 수도사는 하느님에게 자신만큼 거룩한 사람이 이 세상 어디에 있느냐고 묻습니다. 그러자 하느님께서는 성령을 통해 그를 알렉산드리아에 보내고

---

[2] 아르세니우스 2, 4, 25, 42.

[3] 안토니우스 24. 에우카리투스라는 이름으로 전해 내려온 글에는 좀 더 경건한 분위기로 기술되어 있습니다.

그곳에서 그는 지극히 평범한 일을 하는 지극히 평범한 사람을 만납니다. 그리스도교에는 어떤 소명보다 우월한 소명도, 열등한 소명도 없습니다. 다만 그리스도교는 우리는 모두 하느님의 부름을 받으며 그분께서 우리 한 사람 한 사람에게 해야 할 일을 주시고 우리가 이를 감당할 때 거룩해진다고 이야기할 뿐입니다. 이 같은 맥락에서 거룩함에 대한 정형화된 표본이란 없습니다. 거룩함은 한 사람이 인격체가 되는 것과 연관이 있습니다. 대다수 사람이 처한 상황은 사막 수도사들이 처한 상황과 분명히 다르며 하는 일도 다릅니다. 그러나 죄는 언제나 죄입니다. 즉 모든 사람은 정도는 다를지라도 자신이 처한 상황에서 온갖 시련과 유혹을 경험합니다.

> 한 형제가 원로들에게 질문했다. "사악한 생각을 하면 우리는 더럽혀집니까?" 이 질문을 두고 원로들은 토론했다. 일부는 그렇다고 말했고 일부는 아니라고 말했다. … 형제는 존경받는 또 다른 원로를 찾아가 앞에서 원로들에게 물었던 질문과 같은 질문을 던졌다. 원로는 답했다. "각 사람의 능력에 따라 다르고 해야 할 일도 다릅니다."[4]

한 사람에게 닥치는 유혹이 얼마나 심한지는 어느 누구도 확실히 알 수 없습니다. 모든 죄는 하느님을 의식적으로 완전히 거부하는 것이

---

4 무명 모음집 84.

라는 펠라기우스주의자들의 주장에 아우구스티누스Augustine of Hippo
는 분노에 찬 목소리로 답했습니다. "대부분의 죄는 울면서 신음하
는 이들이 짓는다."[5] 그는 펠라기우스주의자들처럼 죄인에 대해 가
혹한 태도를 보이기 보다는 연민의 태도를 보였습니다. 그는 자신에
게는 사소해 보이는 유혹이라 할지라도 다른 누군가에게는 강력한
힘을 발휘할 수 있음을 잘 알고 있었습니다. 하루 종일 강박 증세에
시달리는 사람의 고통을 다른 사람은 이해하기 힘듭니다. 모든 사람
에게 동일한 수준의 금욕을 요구하는 것은 위험합니다. 사람들은 저
마다 각자 다른 과거와 기억, 능력을 갖고 있습니다.

압바 아르세니우스가 물질적으로 금욕 생활을 하지 않는다는 데
불만이 있던 한 수도사에 관한 일화가 있습니다. 그는 압바 아르세
니우스가 병이 들어 교회에 있다는 소식을 듣자 그를 찾아 갑니다.

압바 아르세니우스가 스케티스에서 병이 들었을 때 이야기다. 사제
가 와서 그를 교회로 데리고 가 작은 베개가 있는 침상에 뉘었다. 그
때 그를 보러 온 한 수도사가 작은 베개를 베고 침상에 누워 있는 아
르세니우스를 보고 충격을 받아 말했다. "이 사람이 정말 압바 아르세
니우스입니까? 이처럼 누워 있는 이 사람이?" 그러자 사제가 그를 옆
으로 데리고 가서 말했다. "살았던 마을에서 당신의 직업은 무엇이었

---

5   Augustine, *De natura et gratia,* xxix. 33.

습니까?" 그가 대답했다. "난 목동이었습니다." "그러면 어떻게 생활했습니까?" "매우 힘든 생활을 했지요." 그러자 사제가 다시 물었다. "그러면 암자에서의 생활은 어떻습니까?" 수도사가 대답했다. "지금이 훨씬 편안합니다." 그러자 사제가 말했다. "세상에 있을 때 압바 아르세니우스는 왕자들의 개인 교사였습니다. 황금 띠와 온갖 금 장신구와 비단옷을 입은 수천명의 노예들에 에워싸여 있었지요. 그 밑에는 값비싼 양탄자가 펼쳐져 있었습니다. 형제가 세상에서 목동이었을 때에는 지금 누리는 안락함조차 누리지 못했지만, 압바 아르세니우스는 세상에서 누리던 우아한 생활을 더는 누리고 있지 않습니다. 그래서 형제는 편안하지만, 그는 고생하는 것입니다."[6]

비판적인 관찰자에게 사막에서 소박하게 살아가는 것은 별다른 도전이 아닌 것처럼 보일지도 모릅니다. 그러나 아르세니우스에게 사막으로 가는 것은 다른 '세상'으로 들어가는 일이었습니다.

앞서 이야기했듯 압바 아르세니우스는 고행이나 신체적인 금욕이 아닌 침묵 수행으로 널리 알려진 인물입니다. 사막 수도 전통에서 보편적으로 권하는 덕목이 하나 있다면 그것은 바로 침묵일 것입니다. 그들은 침묵을 통해 인간이 처한 문제의 근원에 다다를 수 있다고 생각했습니다. 바울의 표현을 빌려 말하자면 영적인 영웅처럼

---

6 아르세니우스 36.

고행을 하고 자기부정을 극단적으로 밀어붙이는 다양한 수행을 하며 금식을 하고 철야를 쉼 없이 한다 해도 침묵하지 않는다면 아무런 유익이 없다고 여겼던 것이지요. 사막 금언집을 보면 사탄이나 악령들은 탁월한 금욕수행자들로 그려집니다.

악령들을 추방할 수 있었던 한 독거 수도사가 있었다. 그가 악령들에게 말했다. "무엇이 너희를 떠나가게 하느냐? 단식이냐?" 그들이 대답했다. "우리는 먹지도 마시지도 않는다." "그럼 철야냐?" 그들이 대답했다. "우리는 잠자지 않는다." "그럼 세상으로부터의 분리냐?" "우리는 사막에 산다."[7]

어느 날 압바 마카리우스가 종려나무 잎들을 짊어지고 늪지에서 자기 암자로 돌아가던 중 길에서 긴 낫을 들고 있는 악마를 만났다. 악마가 그를 치려고 했지만 그럴 수 없었다. 악마가 그에게 말했다. "마카리우스, 너의 능력이 무엇이기에 너에 맞서는 나를 무력하게 하느냐? 나도 네가 하는 모든 것을 한다. 네가 단식한다지만, 나도 아무것도 먹지 않는다. 네가 철야를 한다지만, 나는 전혀 잠을 자지 않는다…"[8]

---

[7] 테오도라 6.
[8] 마카리우스 11.

악령, 악마는 자지도 않고 먹지도 않습니다. 하지만 이러한 수행들이 그들을 거룩하게 하지는 못합니다. 그들은 근본적으로 악이라는 거짓말에 사로잡혀 있기 때문입니다. 일상에서 우리의 언어 습관은 우리를 이러한 거짓에 손쉽게 사로잡히게 만듭니다. 그렇기에 사막 수도사들은 우리가 내뱉는 말로 인해 길을 잃어버릴 수 있다고 끊임없이 경고합니다. 탁월하지만 신학 사상에 논쟁의 소지가 있는 에바그리우스가 금언집에서 드물게 긍정적으로 묘사가 되는 일화가 있습니다. 그 일화에서 그는 (물론 이 모습도 완전히 만족스럽지는 않습니다만) 겸손하게 다른 수도사의 질책을 받아들이고 논쟁에서는 침묵을 지킵니다.

어떤 문제를 다루려고 수도사들이 켈리아에 모였다. 압바 에바그리우스가 이야기한 후 사제가 그에게 말했다. "압바께서 고국에 머물렀다면 아마도 주교나 위대한 지도자가 되었을 것입니다. 하지만 지금 압바는 이방인으로서 여기에 있습니다." 그는 … 깊이 통회하여 머리를 숙여 대답했다. "한 번 말씀드렸으니 대답하지 않겠습니다. 두 번 말씀드렸으니 덧붙이지 않겠습니다"[9]

---

[9] 에바그리우스 7.

이와 비슷한 이야기로 압바 팜부스Abba Pambo*의 일화가 있습니다.

> 어느 날 압바 테오필루스 대주교가 스케티스를 방문했다. 모여 있던
> 형제들이 압바 팜부스에게 말했다. "대주교가 감화될 수 있도록 한 말
> 씀 해주십시오." 압바 팜부스가 말했다. "그가 내 침묵으로 감화되지
> 않는다면, 내 말로도 감화되지 않을 것입니다."[10]

우리의 말에 우리를 둘러싸고 보호하며 편안하게 해주는 망상들을
강화하는 경향이 있음을, 수도사들은 지적합니다. 이러한 맥락에서
침묵은 하느님 앞에서 우리가 진정 누구인지 알 수 있게 해주는 길
입니다.

　여기서 다시 한번 우리는 사막 전통의 지혜를 얕게 현대화시켜
적용하려는 유혹에 빠지지 말아야 합니다. 금욕적인 삶을 살면 자기
자신을 잘 알게 될 것이라는 말은 꽤나 그럴듯하게 들립니다. 오늘
날 대부분의 사람들은 자기발견self-discovering, 혹은 자기표현self-expression
이라는 관념에 깊게 빠져 있기 때문입니다. 이들에게 자기 자신을

10　테오필루스 대주교 2. 사막 금언집에서 주로 대주교는 동기와 의도가 의심스러운 인
　물로 그려진다는 점을 염두에 둘 필요가 있습니다.

*　팜부스(c303~c373)는 니트리아의 암모니우스의 초기 동료 가운데 한 사람으로 문맹
　이었으나 수도사가 된 후 성경을 배웠고 340년 사제로 서품되었다. 아타나시우스 대
　주교는 그를 알렉산드리아로 초대했고, 히에로니무스는 마카리우스, 이시도루스와
　더불어 그를 사막의 대표적인 스승 가운데 한 사람으로 간주했다.

아는 것은 수백 권의 자기계발서를 읽는 것, 그래서 자기를 좀 더 다른 사람들 앞에 잘 드러낼 수 있게 되는 것과 크게 다르지 않습니다. 그러나 사막 수도사들과 수녀들에게 진리를 향한 여정, 자신에 관한 진실을 발견하는 일은 두려운 일이었습니다. 그들은 우리가 우리 자신에 관한 진실과 마주하지 않기 위해 얼마나 많은 전략을 고안해 내는지를 잘 알고 있었습니다. 우리는 자기 자신을 발견하기 위해서는 다른 이들로부터 멀어져야 한다고, 혹은 다른 사람들이 우리를 바꾸지 못하게 하거나 우리 스스로가 세운 계획을 방해하지 못할 만큼 거리를 두어야 한다고 곧잘 생각합니다. 그러나 사막 수도사들과 수녀들은 자기를 발견하는 과정은 근본적으로 공동체적 성격을 지니고 있다고 생각했습니다. 사막 금언집에 나오는 그들의 실천, 그들이 제시한 해결책 저변에는 바로 이 공동체에 대한 감각이 새겨져 있습니다. 우리는 이웃과 더불어 살아갑니다. 정말로 '나'를 제외한 모든 사람이 사라져 버린다면 나는 내 자신이 정말 누구인지에 대해 어떠한 실마리도 발견하지 못할 것입니다. 물론 우리는 우리를 향한 다른 사람의 판단과 정죄로부터 자유로울 수 있어야 하고 이 역시 매우 중요합니다. 그러나 이 부분에 관해서는 다음 장에서 본격적으로 살펴보도록 하겠습니다.

미국 작가인 애니 딜라드Annie Dillard는 최근 몇십 년간 활동한 작가 중 자연 세계와 인간 경험에 관해 가장 흥미롭고 신선한 글을 쓴 작가입니다. 그리 두껍지 않은 책『글쓰는 삶』The Writing Life에서 그녀는 창조적인 글을 쓰는 과정에 관해 이야기하며 매우 솔직하고 재미있는 주장을 펼칩니다.[11] 그녀는 평소에는 글을 쓰고 싶어 글 쓰는 시간을 따로 마련해 보려고 애쓰지만, 막상 시간이 확보되면 글을 안 쓰려고 온갖 방법을 궁리해내는 자신의 모습을 발견합니다. 또한 써야 할 원고를 계속 미루어두다가 마감 시간이 코앞에 닥쳐왔을 때 비로소 부리나케 써대는 자신의 모습을 묘사하며 글을 써야 한다고 생각하면서도 글을 어떻게 제대로 쓰는지는 결코 알지 못하게 되는 상황을 살피기도 합니다. 애니 딜라드 뿐만 아니라 우리 모두에게 글을 적절하게, 계속 써나가는 것은 힘겹고도 두려운 일입니다. 정직하게 자기를 표현하는 일은 세상에서 가장 어려운 일이기 때문이지요. 정직하게 자기를 표현하기 위해서는 한편으로는 자기 자신을 철저하게 검토해야 하며 다른 한편으로는 자기를 포기해야 합니다.

당신이 포기하고 버려야 할 부분은 가장 잘 쓴 대목만이 아니다. 이상하게 들리겠지만, 핵심을 가장 잘 드러냈다고 생각되는 부분도 버려야 한다.[12]

---

[11] Annie Dillard, *The Writing Life* (New York: HarperCollins, 1989) 『작가살이』(공존)

[12] 위의 책, 4.

정말 중요하다고 생각했던 것, 참된 자기라 생각했던 것이 알고 보니 별다른 의미도 없고 부정직한 생각으로 드러날 때가 있습니다. 어디선가 T.S.엘리엇T.S.Eliot의 목소리가 희미하게 들리는 듯합니다.

당신이 목적이라 생각해왔던 것은
단지 껍질, 의미의 껍데기에 불과하다.*

하지만 우리는 이를 받아들이기를 거부하고, 회피하기 위해 온갖 평계를 둘러댑니다. 어떻게 보면 그리 놀라운 일은 아니지요. 하지만 이러한 상태에 놓인 우리에게 릴케Rainer Maria Rilke는 「고대 아폴로의 토르소」Apollo's Archaic Torso라는 시에서 한 낡은 조각상의 입을 빌려 이야기합니다.

너를 바라보지 않는 부분이란 어디에도 없다.
너는 너의 삶을 바꾸지 않으면 안 된다.

이제 표면 위에서 부유하던 생각들은 떠나보내야 합니다. 의지를 앞세워 무언가를 해내야 한다는 생각 또한 떠나보내야 합니다. 언젠가 한 저명한 조각가는 학생들을 상대로 한 강연에서 무언가를 창조할

---

* 『네 개의 사중주』Four Quartets 4악장 「리틀 기딩」Little Gidding 중

때 예술가의 의지는 그 과정에서 별다른 역할을 하지 못한다고 말한 바 있습니다. 의지는 무언가를 유지할 수 있게 해줄 뿐 무언가를 만들어낼 수는 없습니다. 그리고 우리는 우리가 무엇을 진정으로 원하는지 아직 알지 못합니다. 이와 관련해 요한 콜로부스가 남긴 인상적인 금언이 있습니다.

> 우리는 자기고발self-accusation이라는 가벼운 짐을 한쪽에 지고 있고, 자기정당화self-justification라는 무거운 짐으로 우리 자신을 무겁게 하고 있습니다.[13]

이 말은 우리의 직관을 거스르나 자기the self에 관한 설명으로는 더없이 적절합니다. 자기정당화는 매우 무거운 짐입니다. 우리가 우리 자신을 정당화하려는 욕구에는 끝이 없기 때문입니다. 새로운 상황과 마주할 때마다 우리는 반복해서 우리 자신의 위치를 선점하려 하고 확고하게 다지려 합니다. 매번 우리는 우리의 자아를 방어하기 위해 참호를 팝니다. 그렇다면 자기고발은 왜 가벼운 짐일까요? 이를 이해하기 위해서는 우리가 두려움에서 벗어날 수 있는 기본 원리를 상기해야 합니다. 그 원리란 바로 하느님께서 이미 우리가 짊어진 짐, 우리가 저지르는 실패를 알고 계시고 사랑으로 기꺼이 짐을

---

[13] 요한 콜로부스 21.

받아들이신다는 것입니다. 이 원리에 비추어 보았을 때 자기고발, 즉 우리 자신이 저지르는 실패를 정직하게 받아들이는 것은 가벼운 짐이라고 할 수 있습니다. 우리가 직면해야 할 것이 무엇이든 간에, 그것이 얼마나 고통스럽든 간에, 때때로 모든 것을 다시 시작해야만 한다는 것을 느끼는 순간이 얼마나 힘들던지 간에, 하느님께서는 이를 모두 알고 계시고 사랑으로 이를 받아들이십니다. 우리는 우리 자신을 창조할 필요가 없습니다. 스스로 자신을 지탱할 필요가 없습니다. 스스로를 구원할 필요가 없습니다. 과거에도, 현재도, 그리고 미래에도 우리를 창조하시고 지탱하시며 구원하시는 이는 하느님이십니다. 자신들을 추격하는 이집트인들로 인해 두려움에 휩싸인 이스라엘 백성에게 모세는 말했습니다.

주님께서 당신들을 구하여 주시려고 싸우실 것이니,

당신들은 진정하십시오. (출애 14:14)

우리가 해야 할 일은 오직 우리 자신을 진정시키는 것입니다.

영국에는 한 사람이 스스로 무언가를 성취하는 데 자부심을 느끼면 느낄수록 하느님께서는 그에 대한 책임감을 내려놓게 되신다는 오래된 농담이 있습니다. 그러나 이는 단지 영국에서만 통용되는 이야기는 아닙니다. 스스로 무언가를 성취하고자 하는 욕구, 내가 나의 창조자가 되고자 하는 욕구는 우리 모두에게 있습니다. 그러나 그 욕구에 휘말릴수록, 우리가 우리 자신을 정당화하는 데 힘을 쏟을수록 우리는 불가능이라는 목적지를 향해 발걸음을 내딛게 될 뿐입니다. 그러므로 요한 콜로부스가 자기정당화를 무거운 짐이라고 말한 것은 그리 놀라운 일이 아닙니다. 그런데도 우리는 이 무거운 짐을 내려놓고 다른 짐을 짊어지려 하지 않습니다. 다른 짐을 짊어지기를 두려워합니다. 다른 짐은 오직 신뢰 혹은 신앙으로만 받아들일 수 있는 짐, 우리가 통제할 수 없는 짐들이기 때문입니다. 이런 우리를 향해 예수는 말합니다(두말할 것 없이 요한 콜로부스가 남긴 말은 우리를 예수의 이 말로 인도하는 데 그 목적이 있습니다).

내 멍에는 편하고, 내 짐은 가볍다. (마태 11:30)

동시에 예수는 우리에게 말합니다.

누구든지 나를 따라오려거든, 자기를 부인하고,

제 십자가를 지고, 나를 따라 오너라. (마태 16:24)

십자가를 보는 것, 십자가를 느끼는 것, 자기 십자가를 지는 것이 가벼운 짐을 지는 길이라는 것은 신앙으로만 가능한, 불가능한 가능성입니다. "자기를 부인하고, 제 십자가를 지고" 예수를 따르는 것, 즉 우리가 가장 아끼는 우리 자신에 대한 상을 버리고 우리가 무언가를 이루었다는 생각 일체를 폐기하며 온갖 방어기제들을 내려놓고 살아가는 것은 이러한 상태에 익숙해진 우리 대다수에게는 지옥에서 살아가는 것처럼 다가올지도 모르겠습니다. 하지만 자기를 방어하기 위해 온갖 애를 쓰느라 참된 안식을 누리지 못하는 것이야말로 진정 지옥에 있는 것입니다. 십자가를 짊어지는 삶이야말로 우리를 옭아매는 삶이 아니라 우리를 해방케 하는 삶이라는 진실이 몸과 마음에 새겨지기까지는 아주 오랜 시간을 필요로 합니다. 사막 수도사들과 수녀들은 이를 알았기에 다른 이를 향해서는 측은지심을 담아 그침 없이 환대를 베풀고 자신을 향해서는 냉정하게 성찰하고 고행을 이어갈 수 있었습니다.

스케티스의 사제 이시도루스*Isidore the Priest**는 경고했습니다.

> 온갖 악한 제안들 중에서도 가장 끔찍한 것은 하느님의 법이 아니라 자기 자신의 마음, 곧 자기 자신의 생각을 따르라는 제안입니다.[14]

'마음 가는 데로 가라', '꿈은 이루어진다'와 같은 말이 각광 받고 격

---

[14] 스케티스의 사제 이시도루스 9.

* 스케티스의 사제 이시도루스는 마카리우스의 초기 동료였다. 요한 카시아누스는 그를 스케티스의 네 공동체의 지도자들 가운데 한 사람이었다고 언급한다.

언처럼 통용되는 오늘날 사람들에게 이 경고는 당혹스럽습니다. 많은 이는 내면 깊은 곳에 자리한 진실한 감정과 갈망을 받아들이고 거기에 충실해야 한다고 생각합니다. 그러나 사막 수도사들은 자기 안에 머물러 마음 가는 데로 가는 것은 양파 껍질 벗기는 일과 같다고 지적합니다. 우리가 이르러야 할 곳은 순수하고 단순한 곳이 아닙니다. 다른 이들과 더불어 이루어지는 자기검증self-examination 아래 마주하게 되는 "진실은 순수하지 않으며 결코 단순하지 않습니다".* 사막으로 나아간다는 것은 우리 자신이 만들어 놓은 상들로 뒤덮인 거대한 체제에서 한 발짝 물러섬을 뜻합니다. 이 체제에 사로잡힌 우리는 끝없이 우리 자신이 누구인지를 (우리가 선호하는 방식으로) 다른 이에게 주입 시키고자 합니다. 때로는 우리 자신이 생각하는, 우리 자신이 그리는 우리 자신에 관한 상을 공고히 하기 위해 하느님을 이용하기까지 합니다. 자기고발이라는 '짐'을 짊어지는 일, 우리 마음이 재촉하는 일에 대해 의구심을 갖는 일은 어떤 금욕이나 자기혐오가 아닙니다. 이는 하느님께서 우리를 용서하시고 치유하신다는 신뢰를 바탕으로 자기 자신을 정직하게 마주하는 것을 뜻합니다. 이에 관해 20세기 가장 탁월한 로마 가톨릭 신학자였던 앙리 드 뤼박Henry de Lubac은 매우 간결하고 명확하게 표현을 남긴 바 있습니다.

---

* 오스카 와일드Oscar Wilde의 희극『진지함의 중요성』The Importance of Being Earnest에서 나오는 대사.

우리를 자유케 하는 것은 진심이 아니라 진실, 진리다. 다른 무엇보다 진심을 내세우는 경향 가장 밑바닥에는 변화를 거부하는 태도가 자리 잡고 있기 때문이다.[15]

같은 저서에서 그는 이런 말도 남겼습니다.

가장 미묘한 순간에 심리학만으로는 진짜와 가짜를 식별할 수 없다.[16]

사막 교부들과 마찬가지로 그는 자기 마음에 충실해야 한다거나 자기 마음을 따라야 한다는 세속 지혜 아래 깔려 있는 가정에 대해 다시 생각해 보아야 한다고 경고했습니다.

우리가 '진실로' 누구인지를 말해 줄 수 있는 이는 하느님뿐입니다. 그리고 그분은 우리가 두려움에서 벗어나고 자기 자신을 기만하지도 않으면서 우리와 함께 하는 당신 곁으로 나아가게 하시고, 이 평생의 과정을 통해 우리가 누구인지를 말씀해주십니다.

사막에서 초보 수도사가 원로에게 '자신의 생각을 드러내는 훈련'을 했던 이유는 원로에게 좋은 조언을 받는다거나 어떤 문제를 처리하기 위해서가 아니었습니다. 관건은 진리로 나아가는 것이었으

---

15   Henry de Lubac, *Paradox of Faith* (San Francisco: Ignatius Press, 1987), 127.
16   위의 책, 122.

며 원로는 다른 누구보다 그 길을 앞서 걸으며 진리를 가리키는 이였습니다. '자신의 생각을 드러내는 훈련'을 통해 진리로 나아가는 길에 막 들어선 초보 수도사들은 그 길에서 도망치고 싶은 마음, 끊임없이 출몰하는 환상과 강박을 솔직하게 원로에게 털어놓았을 것입니다. 이때 원로는 별다른 말을 하지 않을 때도 있었고 아주 흐릿한 가르침만을 줄 때도 있었으며 오늘날 상담에 비추어 보았을 때는 지극히 투박한 조언만을 줄 때도 있었습니다. 그러나 그것으로 충분했습니다. 이 훈련의 핵심은 자신의 내면에서 들리는 목소리를 따르는 것을 당연시하지 않고 그 목소리가 매우 복잡하다는 것을, 자신의 내면은 온갖 갈망과 두려움이 뒤섞여 있다는 것을 깨닫는 데 있기 때문입니다. 초보 수도사들은 이 훈련을 통해 자신의 혼탁한 내면을 정직하게 바라보고 이를 담아낼 수 있는 말을 찾는 법을 익혔습니다. 사막 금언집의 많은 이야기는 생각을 드러내지 않으면 진리를 향해 나아갈 수도 없음을 보여줍니다.

> 한 형제가 압바 포이멘에게 물었다. "어째서 제가 원로들에게 제 생각을 드러내지 않고서는 자유로울 수 없는 겁니까?" 원로가 대답했다. "압바 요한 콜로부스가 말하기를 '원수는 자기 생각을 드러내지 않는 사람을 가장 기뻐한다'고 했습니다."[17]

---

17 포이멘 101.

하느님을 본받아 따르는 모습을 가장 잘 드러내는 원로 앞에 무방비 상태가 되는 법을 익힘으로써 수도사는 성장했습니다. 그리고 이는 사막에서 이루어지는 모든 훈련의 핵심이라고도 할 수 있습니다. 무방비 상태가 된다는 것은 원로의 권위에 굴복하는 것을 뜻하지 않습니다. 초보 수도사가 원로를 찾아가 "한 말씀만 하소서"라고 요청했을 때 이는 어떤 해결책을 얻거나 행동 지침을 받기 위함이 아니었습니다. 그, 혹은 그녀는 삶을 더 온전히 누리기 위해, 참생명의 길로 한 걸음 더 나아가기 위한 자극을 얻기 위해 원로와 대화를 나누었습니다. 대화는 결코 어떤 이론을 두고 논쟁하는 방식으로 일어나지 않았습니다. 원로들은 그런 식의 논쟁만을 원하는 이들을 신랄하게 비판했습니다.

한 형제가 압바 테오도루스에게 와서 자기가 아직 한 번도 실천하지 않은 일에 관해 이야기하기 시작했다. 그래서 원로가 말했다. "형제는 아직 배를 구하지도 못했고 짐을 싣지도 못했습니다. 아직 출항도 하지 않았는데 벌써 그 도시에 도착한 척하고 있군요. 먼저 그 일을 하십시오. 그러면 지금과 같은 속도를 낼 수 있을 것입니다."[18]

존 크리세브지스 신부는 말했습니다.

18 페르메의 테오도루스 9.

사막은 치유자를 길러내는 곳이지 사상가를 길러내는 곳이 아니다.[19]

초보 수도사들은 원로를 찾아가 자신의 생각을 드러내고 그런 자신을 구원해 줄 수 있는 말씀을 구했습니다. 자신을 내세우고 강해지려 한 것이 아니라 자신을 내려놓고 약해지려 한 것입니다. 앙리 드 뤼박의 말을 빌리면 이것이야말로 참된 변화가 일어날 수 있는 바탕입니다. 우리는 결코 우리가 진실로 무엇을 원하는지 알 수 없습니다. 이를 알기 위해 우리 자신을 대가로 치르지 않는 한 말이지요.

$\cdots$

교회를 이루는 구성원들의 가장 중요한 소명은 이웃이 하느님과 연결되도록 돕는 것입니다. 교회는 특정한 기준을 충족하는 모범적인 신앙생활을 하지 않는다고 해서, 다수가 받아들이는 신앙생활을 하지 않는다고 해서 경멸받거나 비난받을 거라는 불안함이나 두려움 없이 서로가 자신에 관한 진실, 진리를 발견해 나가도록 돕는 공동체입니다. 교회가 이러한 공동체가 되기 위해서는 두려움에 빠지지 않은 사람들이 필요합니다. 그리고 교회에는 전통적인 수도 공동체든 아니든, 오랜 기간에 걸쳐 사람들을 성장시키는 영적 규율이

---

[19] John Chryssavigis, *In the Heart of the Desert*, 76.

필요합니다. 그렇지 못한 교회는 주변 사회를 향해 효과적인 증언을 할 수 없습니다.

이 장에서 다룬 몇몇 주제들은 오늘날 문명사회 안팎에서 일어나는 위기들과 밀접한 관련이 있습니다. 우리는 매우 개인주의적이면서도 매우 순응주의적인 사회에 살고 있습니다. 사막 교부와 교모는 개인주의자도 아니었고 순응주의자도 아니었습니다. 그리고 그들은 교회의 소명이 바로 사람들이 저 두 함정에 빠지지 않게 하는 데 있다고 가르쳤습니다. 다시 돌아가, 이 사회가 매우 개인주의적이면서 매우 순응주의적이라는 말은 모순처럼 보입니다. 한편 우리는 개인의 의지가 지닌 힘에 열광하며 이 힘을 극대화시키기 위해 온갖 애를 씁니다. 그리고 그렇게 얻은 힘을 이용해 가능한 한 많은 선택지를 만든 다음 이를 바탕으로 삶을 빚어갑니다. 한 사람의 삶을 정의할 때 그 사람이 보유한 선택지 수를 중시하는 경향 또한 이러한 흐름과 연관이 있습니다.

정치 철학자인 레이먼드 플랜트Raymond Plant는 최근 자신의 저작에서 (다소 의외의 이야기일 수 있으나) 오늘날 환경에서는 특정 종교가 쉽게 받아들여질 수 있다고 이야기한 바 있습니다.[20] 소비자로 살아온 이들에게 종교란 자신의 삶을 형성하는 한 가지 선택지라 할 수 있

---

[20] Raymond Plant, *Politics, Theology and History* (Cambridge: Cambridge University Press, 2001), 특히 11장과 12장을 보십시오.

기 때문입니다. 이렇게 보면 종교는 시장을 풍요롭게 하는, 시장의 범위를 넓히는 또 하나의 상품입니다. 요한 복음서에서 예수가 자신의 친구들에게 했던 말을 오늘날 사람들은 뒤집어서 요구하고 있는 셈입니다. "당신이 우리를 택한 것이 아니라 우리가 당신을 택한 것이오. 그러니 우리에게 우리가 갈구하는 삶과 생명을 주시오."*

　문제는 '선택'에 관한 우리의 생각이 너무나 안이하다는 것입니다. 선택지를 넓혀가고 최상의 선택지를 찾는 동안 우리는 선택의 세계 그 자체가 얼마나 조작되었고 조정되고 있는지를 망각합니다. 오늘날 10대 청소년들을 생각해보십시오. 그들은 자신들의 정체성으로 '반항'을 선택했다고 생각하지만, 사실은 이미 형성되어 있는 '반항적인 10대'라는 상像에 물든 것에 불과합니다. 이와 관련해 기업들은 반항적인 10대란 무엇인지, 어떻게 보여야 하는지를 결정한 후 메시지가 담긴 상품을 만들어 배포하고 광고를 통해 반항하는 10대는 어떠한 꿈을 꾸어야 하는지, 어떻게 살아야 하는지를 선전합니다. 우리가 하는 선택들은 이렇게 이미 정해진 틀 안에서, 우리도 모르게 그 틀에 순응하는 방식으로 이루어집니다. 기존의 선택지들을 거부하고 다른 대안들을 찾는다 해도 그 대안들 역시 '시장'market이 제공하는 또 다른 선택지들에 불과합니다. 그 이전에, 남들과 다른

---

* 다음 구절을 참고하라. "너희가 나를 택한 것이 아니라 내가 너희를 택하여 내세운 것이다. 그러니 너희는 세상에 나가 언제까지나 썩지 않을 열매를 맺어라. 그러면 아버지께서는 너희가 내 이름으로 구하는 것을 다 들어주실 것이다." (요한 15:16)

'선택'을 해야 한다는 생각 또한 이미 모든 소비자를 향해 시장이 선전한 광고("남들처럼 되어선 안돼")의 영향권 아래 있습니다.

개인성individuality을 열망하면 열망할수록 우리는 더욱 체제에 순응하게 됩니다. 우리의 의지는 시장이 제시하는 선택지들에 따라 불타오르고 사그라듭니다. 오늘날 세상은 바로 이 시장이 결정한 선택지들 사이에서 사람들이 얽히고 설키며 빚어낸 실타래로 특징 지워진다 해도 과언은 아닙니다. 그리고 이를 좀 더 잘 이해하기 위해 우리에게는 (우리가 생각하는 것 이상으로) 신학적 통찰이 필요합니다. 러시아 정교회 신학자인 블라디미르 로스키Vladimir Lossky는 개인the individual과 인격체the person를 명확하게 구분해야 한다는 논쟁적인 주장을 중심으로 자신의 신학을 전개했습니다.[21] 여기서 인격체는 고유한 존재로 어떤 공식이나 명제로 환원될 수 없습니다. 여러 인격적인 관계들이 독특한 방식으로 맞물리면서 인격체는 형성됩니다. 그리스도교에서는 하느님이 삼위일체이심을 고백하며 삼위일체의 각 위격person이 인격적personal이라고 고백합니다. 사람이 인격체라는 주장은 바로 이러한 고백에 바탕을 두고 있습니다. 이와 달리 개인은 인간 본성을 드러내는 한 가지 사례입니다. 즉 개인은 본질적으로 추상적

---

[21] 이 주제에 관해 좀 더 살펴보기 위해서는 로스키의 다음 저작을 살펴보십시오. *In the Image and Likeness of God* (Crestwood, New York: St Vladimir's Seminary Press, 1974), 특히 6장과 7장에 주목하십시오. 또한 다음 책도 도움이 됩니다. Vladimir Lossky, *Orthodox Theology: An Introduction* (St Vladimir's Seminary Press, 1978)

이며 일반론의 차원에서만 말할 수 있는, 인간이 일반적으로 지닌 능력, 욕망, 본능이 작동하는 방식을 드러내는 한 가지 길입니다.

그러므로 오늘날 누군가 선택을 할 때 그 사람은 참된 인격체로서 선택을 내리는 것이 아니라 자신이 속한 자연 질서를 따라 자신의 특정한 본성을 따라 내린다고 할 수 있습니다. '나'는 '저것' 대신에 '이것'을 선택합니다. 이렇게 선택할 수 있는 능력은 모든 이가 지니고 있습니다. '나'는 선택함으로써 내가 무엇을 원하는지를 부분적으로 드러냅니다. 달리 말하면 우리는 선택함으로써 우리가 경험하는 인간 본성을 드러냅니다. 우리는 내가 하는 선택을 통해 '나'와 다른 이들에게 내가 누구인지를 보여줄 수 있다고, 내가 다른 사람과 어떻게 구분되는지를 보여줄 수 있다고 생각하는 경향이 있지만 실제로 이러한 선택들이 우리를 인격체로 빚어내지는 않습니다. 앞서 언급한 로스키를 비롯한 현대 동방 그리스도교 신학자들은 '나'가 하는 선택은 '나'와 다른 사람들을 구분하는 데 별다른 기능을 못한다고, 심지어 선택은 '나'의 가장 흥미롭지 못한 면모를 보여줄 뿐이라고 지적합니다.[22] 그들은 오히려 성숙한 인간the mature human being은 선택지를 점점 더 넓혀가는 것이 아니라 오히려 줄여가는 것처럼 보이는 사람, 자의식을 드러내거나 자기를 과시하는데 연연하지 않고

---

[22] 예를 들어 다음과 같은 저작들이 있습니다. Olivier Clement, *Questions sur l'homme* (2nd ed. Quebec, 1987)와 같은 저자의 *La revolte de l'esprit* (Paris, 1979), 그리고 Christos Yannaras, *The Freedom of Morality* (Crestwood, New York: St Vladimir's Seminary Press, 1984)도 참고하십시오.

어떠한 선택이 좀 더 '자기'가 할 법한 선택인지, 자신에게 유익한지 불안해하거나 망설이지 않은 채 그 사람'답게' 자유로이 선택하는 사람이라고 말합니다. 그리스도인으로서 우리는 이렇게 성숙한 사람, 너무나도 자유로우면서도 독특했던 한 사람을 알고 있습니다. 바로 예수이지요. 예수를 떠올릴 때 우리는 비로소 로스키와 그의 논의를 따르던 이들이 이야기한 '성숙한 인간'이 무엇을 뜻하는지를 구체적으로 이해할 수 있습니다.

신학사에서 학자들은 예수가 인간으로서 얼마나 자유의지를 갖고 있었는지, 그가 지닌 자유의지의 특성은 무엇이었는지를 두고 숱한 논쟁을 벌였습니다. 사람들은 물었습니다. '게쎄마니에서 엄청난 시련을 앞두고 있었을 때 예수는 도망치거나 다른 대안을 세울 수도 있지 않았을까? 그게 아니라면 시련은 이미 결정된 수순이었단 말인가? 그렇다면 그 시련을 우리가 겪는 시련과 같은 시련이라고 말할 수 있을까? 반대로 다른 선택을 할 수 있었다면 이 지상에서 예수가 매 순간 분명하게 하느님과 하나를 이루고 있었다는 우리의 신앙 고백은 잘못된 것이 아닌가?' 사막 수도사 첫 번째 세대가 저물고 얼마 지나지 않아 동방교회에서는 예수에게 하나의 의지만 있었는지, 혹은 두 개의 의지가 있었는지를 두고 격렬한 논쟁이 일어났으며 결국 분열되고 말았습니다. 그렇다면 예수에게는 하느님의 의지와 인간으로서의 의지가 둘 다 있었던 것일까요? 아니면 두 의지가 하나로 결합된 형태로 있었던 것일까요? 후자를 지지하는 이들은 공식 신조가 고백하듯 예수 안에 하나의 위격이 있다면 의지도 하나일 것이라고 주장했습니다. 길고도 쓰라린 갈등 끝에 교회는 예수에게 두 가지 의지가 있었다고, 그리스도에게는 하느님의 본성과 인간으로서의 본성이 함께 존재했다고 고백하기로 결정했습니다.

난해하게 들리는 이야기지만 이 논의는 우리가 지금까지 다룬 주제와 매우 깊은 관련이 있습니다. 당대 정교회 신학자들에게 '의지'를 갖고 있다는 것은 자신의 본성을 포함하는 기질들을 갖고 있다는 것을 뜻했습니다. 이러한 맥락에서 나라는 존재는 내가 하기를 원하는 일들을 함으로써 나라는 존재의 본성을 드러냅니다. 여러 일들, 내가 할 것 같은 일들 가운데 어떤 일을 선택하는 것은 내 본성을 드러내는 활동이라 할 수 있습니다. 게쎄마니 동산에서 예수의 인간으로서의 의지는 분명 활동했을 것입니다. 다른 여느 인간처럼, 인간으로서 그의 의지는 죽음이라는 위협에 맞서 살아남고자 했을 것입니다. 다른 여느 인간처럼, 그는 죽음의 위협에서 벗어나기 위해, 죽음을 피하기 위해 어떻게 해야 하는지 상상할 수 있었을 것입니다. 순수하게 형식적이고 추상적인 의미에서 예수는 시련을 피하고 살아남는 길을 택할 수 있었습니다. 인간의 의지란, 인간의 본성이란 본래 그러하기 때문입니다.

그러나 의지는 인격이 아닙니다. 물론 의지와 의지를 활성화시키는 인격을 분리시켜 생각하는 것은 매우 추상적인 접근입니다. 의지는 공중을 떠다니며 인간이 결단을 내리게 하는 것이 아닙니다(일부 현대 소설가들과 심리학자들은 이렇게 하는 것이 더 좋을 것이라고 이야기하지만 말이지요).

인간은 인격체로서 결단을 내립니다. 인격체로서의 인간은 온전히 자기충족적이고 한결같으며 아버지인 하느님과 거리낌 없이 친밀한 교제를 나누도록 부름 받은 존재라는 정체성을 지니고 있습니다. 여기에 선택의 여지는 없습니다. 외부에서 선택의 가능성을 제한하기 때문이 아니라 견고한 실재가 있으며 독특하고 신뢰할 만한 정체성이 있기 때문입니다. 인격체로서의 인간은 자신의 인격과 일치하는 일을 합니다. 그리고 예수의 경우, 그는 자신의 소명, 하느님께서 이 세상을 구원하시기 위해 그에게 요구하신 바를 했습니다. 물론 그의 감정은 혼란스러웠을 수도 있습니다. 자신이 치러야 할 대가가 무엇인지 치열하게 고민했을 수도 있습니다. 마주하게 될 일로 인해 순간 움츠러들었을 수도 있습니다. 그러나 여기에 궁극적으로 불확실한 것은 없습니다. 이는 예수가 위협과 고통을 마주해 무언가를 결단할 수밖에 없는 끔찍한 상황을 어떻게든 모면했다는 뜻이 아닙니다. 예수가 구세주라는 정체성을 지녔다는 것만으로 모든 문제가 한 번에 완전히 해결될 수 있다는 이야기도 아닙니다. 예수는 완전히 '자기'로부터 자유로웠습니다. 그가 자신의 소명을 거부하는 모습을 우리는 상상할 수 없습니다. 오직 추상적인 차원에서만 인간이 무엇에든 '예' 혹은 '아니오'라고 답할 수 있듯, 예수가 자신의 부름에 '아니오'라고 답할 수 있는 가능성은 추상적인 차원에서만 있을 뿐입니다. 예수가 자신의 정체성, 자신의 소명을 따르는 것은 그의 자유를 전혀 훼손하지 않습니다. 오히려 그는 이를 통해 무엇이 가장 중요한 자유인지를 보여주었습니다.

6세기 수도사들은 인간 내면에 자리한 죄와 실제로 잘못된 행동을 저지를 가능성 사이에 어떠한 관련이 있는지를 분명하게 밝히고자, 예수가 겪은 시련과 다른 인간들이 겪는 시련들을 비교하는 데 커다란 관심을 보였습니다(이는 관심을 가질만한 흥미로운 주제입니다). 분명 예수는 모든 인간이 실제로 세상에서 겪을 수 있는 시련을 겪었으며, 이 가운데 우리와 같은 정신의 흐름을 거쳐야만 했을 것입니다. 그런 그가, 온갖 시련들과 유혹을 마주하고서도 죄를 짓지 않았다면 우리 또한 시련과 유혹을 마주했을 때 (잘못된 행동을 할 가능성이 농후하다 할지라도) 의식적으로 하느님을 거부하는 일에 관여하지 않을 가능성이 있습니다. 우리는 머리와 가슴으로 이를 받아들일 수 있습니다.

이러한 측면에서 그리스도에 관한 교리의 세부조항들은 자신이 어찌할 수 없는 일들로 인해 죄책감을 느끼고 고통 받는 이들에게 직접적인 도움을 줍니다. 무엇이 잘못된 행동인지에 관한 일련의 상

像들을 받아들이고 여기에 상상력을 발휘하여 구체적인 살을 붙여 나갈 때, 이 지점에서 책임감은 시작됩니다.[23] 예수는 배신, 비겁함, 자기만족self-gratification의 가능성까지를 포함해 인간 본성이 드러낼 수 있는 모든 가능성을 충분히 알고 있었습니다. 그리고 자신 또한 그 러한 본성을 지녔기에 잘못된 행동을 할 수 있는 가능성 또한 있음 을 알고 있었습니다. 그러나 그는 그러한 가능성이 현실화되는 것을 허용치 않았습니다. 이를 향해 '예'라고 하지 않았습니다. 그러므로 예수를 죄 없는 이로 묘사하는 것은 타당합니다.

현대 사회의 문제 중 하나는 자신의 내면에서 일어나는 이러한 갈등과 긴장을 낭만화하는 경향이 있다는 것입니다. 18세기 칸트 이 후로 사람들은 내면에서 커다란 갈등을 겪는 동안 온갖 노력을 기울 여 행동하면 그 행동은 그 자체로 '선한 행동'이라고 여기는 경향이 있습니다. 달리 말해 근대가 시작된 이래 사람들은 어떻게 평생에 걸쳐 성품character을 계발할 것인가라는 문제보다는 윤리적 갈등 상황 에서 어떠한 결정을 내려야 하는지, 어떠한 노력을 기울여야 하느냐 는 문제에 더 큰 관심을 기울여 왔습니다. 그러나 우리가 실제로 도 덕적인 삶, 신실한 삶을 살았다고 여기는 이들, 그러한 측면에서 우 리에게 자극을 주었던 이들을 생각해봅시다. 그들은 자신들이 하는

---

[23] 예수가 시험에 처했을 때의 감정과 유혹에 관해서는 『필로칼리아』에서 다양한 논의 가 이루어지고 있습니다.

일이 얼마나 어려운지, 선해지기 위해 자신이 얼마나 애쓰고 있는지에 별다른 관심을 기울이지 않았습니다. 어느 정도는 그러한 일을 자연스럽게 할 수 있게 되었기 때문에, 자연스럽게 선한 일을 할 수 있을 만큼 평생에 걸쳐 특정한 인격체가 되었기 때문입니다. 그들의 인격이 딛고 있는 인격적인 실재는 그들이 지니고 있던 인간 본성을 점차 바꾸기 시작했습니다. 그리고 이러한 변화를 통해 그들은 자신들이 진실로 갈망하는 것이 무엇인지를 깨닫게 되었고 이를 중심으로 삶을 살게 되었습니다. 이와 관련해 앞서 언급한 정교회 신학은 우리에게 도움을 줍니다. 예수는 인격체로서, 하느님의 말씀이라는 위격으로서 아버지와 온전히 친교를 나누는 가운데 죽음에 이르기까지 삶의 매 순간 하느님께 순종했습니다. 이는 하느님을 사랑하는 그의 인격이 행한 것입니다. 그리고 이러한 순종은 예수의 인간 본성을 변화시켰습니다.

그리스도교의 가르침에 따르면 은총으로 예수 그리스도 안에서 살아가는 이들은 자신들의 인간 본성이 변화되는 과정을 겪습니다. 자신들의 인격과 예수의 인격이 관계를 맺고 그 관계가 더 친밀해지면 친밀해질수록 말이지요. 그들의 인격은 예수 그리스도를 통해 온전히 드러난 인격, 그를 통해 온전히 성취된 인격에 이를 때까지 성장합니다. 이 과정에서 변화된 인간 본성, 예수의 신적 자유를 통해 변화된 인간 본성은 '두 번째 본성'second nature이라고 할 수 있습니다.

그러므로 '성인'saint이라고 불리는 이들을 보면서 '저렇게 살기는 너무 어려워. 영웅이라 할 수 있을 만큼 탁월한 의지를 지닌 사람들만 할 수 있는 일이야'라고 생각해서는 안 됩니다. 물론 그런 이들을 보며 '저렇게 사는 것은 내게는 너무나 어려워'라는 생각이 즉각적으로 드는 것을 어떻게 할 수는 없지만 말이지요. 하지만 누군가는 이렇게 생각할지도 모르겠습니다. '정말로 경이롭구나! 인간의 삶이 이렇게 될 수도 있구나! 선한 행동이 이렇게 자연스럽게 드러날 수도 있구나!' 좀 더 나아가 누군가는 이렇게 물을지도 모르겠습니다. '어떻게 하면 그들이 발견한 것을 나도 발견할 수 있을까?, 어떻게 하면 그들이 있는 세계에 나도 참여할 수 있을까?' '두 번째 본성'을 지니게 된 이들, 거룩한 사람들의 삶을 보면 극한의 시련 속에서도 뚜렷한 노력을 하지 않고서도 특별한 행동을 할 수 있다는 것을 분명하게 보여줍니다. 로체스터의 주교였던 존 피셔John Fisher는 헨리 8세Henry VIII의 정책을 거부하여 사형선고를 받았습니다. 사형 집행 당일, 형 집행이 몇 시간 뒤로 늦추어졌다는 소식을 듣자 그는 잠을 좀 더 자게 해달라고 청했습니다. 몇 년 후, 종교개혁가 존 브래드포드John Bradford 역시 사형선고를 받았습니다. 집행 당일 아침, 사람들은 그에게 두렵냐고, 혼란스럽지는 않느냐고 물었습니다. 그러자 그는 편안하게 깊이 자고 일어나 옆 감방에서 들려오는 노래가 시끄러운지 이제야 알게 되었다고 답했습니다. 유대교에서 개종한 맨발의 가르멜회 수녀 에디트 슈타인Edith Stein은 네덜란드에서 게슈타포에게 잡혔을 때 게슈타포가 그녀를 향해 "하일 히틀러Heil Hitler(구원자 히틀러)!"라고 나치 경례를 하자 그녀는 옛날 수도원의 공식인사로 화답했습니다. "찬미 예수님Laudetur Jesus Christus(찬미 받으실 예수 그리스도)!"

이러한 행동들이야말로 로스키가 이야기한 인격체가 하는 행동의 표본이라 할 수 있습니다. 인격체로서의 인간은 엄혹한 상황, 시련 앞에서도 타인의 기억에 남을 만한, 독특하고, 심지어는 재치 있는 반응을 보입니다. 그러한 반응은 그들이 어떤 '개인'이 아닌, 온전히 그들 자신으로 존재할 때 나올 수 있는 반응입니다. 이들의 삶을 볼 때 우리는 순전히 개인에 머물러 있는 것과 인격체로 살아가는 것이 어떻게 다른지를 좀 더 분명하게 알 수 있습니다. 그리고 왜 그토록 사막 수도사들이 소명과 거룩함에 대해 강조했는지를 이해할 수 있습니다. 사막 문헌들에는 우리에게 교회가 어떠한 공동체이고 어떠한 공동체가 될 수 있으며, 어떠한 공동체가 되어야 하는지를 알려주는 매우 중요한 사항들이 담겨 있습니다. 순전한 개인들의 '모임'은 공동체라 할 수 없습니다. 이러한 모임에서는 '자아들'egos이 모여 자신이 얻고자 하는 바를 얻어내기 위해 힘을 겨루고 가능한 한 많은 물자를 갖기 위해 경쟁합니다. 이러한 모임에서 개인들은 최악의 사태를 막기 위한 규칙들을 마지못해 받아들일 뿐입니다. 그러나 그렇다고 해서 구성원들이 규칙들에 완전히 순응하도록 교육을 실시하고 모든 욕구를 강제하며 모든 구성원이 똑같이 발맞추어 행진하도록 하는 집단 역시 커다란 문제가 있습니다. 이러한 집단에서는 언제나 만장일치를 이루어야 한다는 강박관념이 팽배하며 서로가 경찰이 되어 서로를 감시합니다. 지난 세기에는 수많은 사회가 이러한 길을 걸었습니다.

지금까지 다루어 온 내용에 따르면, 교회는 다른 무엇보다 인격체들의 공동체라고 할 수 있습니다. 교회에서 구성원들은 서로를 위협하지 않으며 서로를 풍성하게 하는 원천이자 기쁨의 원천이 되게 하는 길이 자신의 소명임을 발견합니다. 교회에서는 구성원들의 진정한 '차이'가, 참된 다양성이 공동체의 자양분이 됩니다. 이는 단지 교회가 모든 사람을 차별하지 않고 환대해야 하며 문화적 다양성을 존중해야 한다는 당연한 이야기를 반복하는 것이 아니라 교회를 이루는 각 인격체가 하느님께 받은 선물을 역사의 결을 따라 펼쳐나가게 하는 법을 알아야 한다는 것을 뜻합니다. 이러한 점에서 건강한 교회에는 기이하고 낯선 성품을 지닌 이들이 많이 있는 법입니다.

그리스도교 수도 공동체들에서도 이와 같은 이야기를 (낯선 이들과 함께 살아가는 것이 매우 불편한 일임을 뼈저리게 알고 있으면서도) 자주 강조했습니다. 모든 교회 구성원에게 동일한 의견과 습관을 강제하며 그러한 수준에서만 일치를 이루려는 교회는 건강한 교회가 아니며 온전한 의미의 공동체라 할 수 없습니다. 이러한 곳에서는 (자신들과는 다른) 특정한 방식의 신앙생활, 누군가 자신이 만난 하느님의 의미를 특정한 방식으로 표현할 때 눈살을 찌푸릴 테니 말이지요. 이러한 곳에서는 논쟁의 여지가 없는, 지극히 평범한 가치들만 미덕으로 여기기 십상입니다. 모여서 말하는 방식, 입는 옷 등등에 문화적인 동일성을 신경질적으로 강요할지도 모르지요. 이러한 문제는 우파 혹은 좌파의 문제가 아닙니다. 또한 이러한 문제가 '우리'보다는 '그들'에게 해당한다고 여겨서도 안 됩니다.

사막에서 아르세니우스와 모세가 하느님의 부름에 응답할 때 그들 사이에는 좁혀질 수 없는 '톤'tone의 차이가 있었습니다. 그러나 이들에 관한 이야기를 전해주는 사막 전통은 오히려 우리에게 되묻습니다. '그것이 왜 문제가 됩니까?' 앞에서 저는 일부러 '톤'이라는 음악 용어를 사용했습니다. 이러한 표현은 그리스도교 공동체의 삶이 지닌 특징을 적절하게 보여주는 은유이기 때문입니다. 다양한 소리, 다양한 악기는 한데 모여 매우 지적이면서도 아름다운 결과를 도출해냅니다. 이러한 조화를 이루는 일은 '천 송이 꽃을 피우는 일'*을 넘어서는 일임을 언제나 기억해야 합니다(이는 몇 번이고 강조해야 할 필요가 있습니다). 다양한 취향을 지닌, 혹은 선호가 다른 구성원들을 단순히 용인하는 수준의 교회는 개인주의라는 틀을 벗어날 수 없습니다. 이 정도 수준에서는 교회가 진정으로 자신이 해야 할 일을 하

---

* 다양성을 보장해서 문화가 융성해지도록 하라는 의미로 쓰이는 표현이다.

는 것으로 볼 수 없습니다. 교회의 활동은 모두가 적당히 만족할 수 준에서 서로의 '마음에 귀 기울이는 것'을 넘어 하느님의 부름을 발 견하는 데까지 나아가야 합니다. 이를 위해서는 긴 시간과 구성원들 의 헌신이 필요합니다. 그리고 바로 이 때문에 교회는 평생에 걸쳐 헌신하는 활동(결혼, 서품, 수도 서원)에 깊이 개입하며 이를 축복합니 다. 이는 모든 사람이 위 활동 중 하나 이상에 헌신해야 한다는 이야 기가 아닙니다. 하지만 적어도 세례 받은 모든 신자는 헌신의 중요 성을 끊임없이 상기해야 합니다. 세례를 받음으로써 그들은 하느님 께서 베푸시는 은총이 그들의 삶 속에서 어떻게 활동하는지 평생에 걸쳐 인내하며 발견해 나가는 일에 엮이게 되었기 때문입니다.

교회는 시간이 흐르면서 신뢰가 쌓일 때만 이룰 수 있는 서로의 연약함을 드러내는 과정, 우리가 만들어낸 우리의 모습들이 무엇인 지를 판단할 수 있게 해주는 침묵의 과정을 가능케 하는 공동체이자 그러한 과정의 결실입니다. 다시 한번 강조하지만, 교회의 핵심 소 명은 이웃과 더불어 사는 삶입니다. 이는 분명 녹록지 않은 과제입 니다. 이 문제를 제대로 다루기 위해서는 이 세상에 있는 모든 한 사 람, 한 사람이 인격체라는 현실을 무시하거나 억압하는 모든 흐름에 대해 강력히 도전해야 합니다. 이러한 흐름은 미묘하게 사람들을 압 박하는 소비주의부터 공공연하게 횡포를 저지르는 전체주의까지 도 처에, 다양하게 펼쳐져 있습니다. 또한 현실에서 인격적인 교류가 이루어지는 과정 속에서 사람들이 충분한 시간을 감내하지 않으려는 경향을 보일 때도 교회는 이에 도전해야 합니다. 이를테면 교사 대신 컴퓨터를 더 많이 비치해 교육예산을 줄이려는 생각, 좀 더 심각하게는 전쟁으로 인해 생긴 민간인 사상자를 부수적인 피해처럼 다루는 경향에 교회는 이의를 제기해야 합니다. 물론 사회의 다양한 영역들에서 발생하는 구체적인 문제들과 관련해 교회는 세부적인 해결책을 갖고 있지 않을지도 모릅니다(보통은 갖고 있지 않습니다). 그러나 요행, 지름길을 택하려는 충동에 손쉽게 휘말리는 사회를 향해 교회는 무엇이 진짜 위험한지, 무엇이 진실로 커다란 대가를 치르게 하는지를 상기시켜야 합니다. 이는 교회의 권리이자 의무입니다.

그렇다면 정직한 신앙의 삶이란 과연 어떠한 삶일까요? 그러한 삶은 피할 수 없게 된 진리를 맛본 삶이라 해야 할지도 모르겠습니다. 우리는 우리가 어떻게 될지, 마지막 날 하느님과 마주했을 때 그분께서 들고 계실 거울에 우리가 어떤 모습으로 비칠지 알지 못합니다. 그러나 우리는 자기정당화, 혹은 자기창조self-creation라는 무거운 짐을 벗어버리지 못하는 우리 자신의 기이한 모습에, 그리고 타인의 모습에 계속해서 질문을 던질 수 있습니다. 그리고 예수가 우리를 위해 활짝 연 문으로 들어가기를 망설여하는 우리, 그의 인격과 교제를 나눔으로써 우리 자신을 변화시키는 일, 인격체가 되는 일을 망설이고 주춤하며 꺼리는 우리 모습에 눈물 흘릴 수 있습니다.

페르메의 압바 테오도루스는
가난과 금욕 수행과 사람들로부터의 도피,
이 세 가지를 모든 것의 기본으로 여겼다.

03

도피

페르메의 압바 테오도루스는 가난과 금욕 수행과 사람들로부터의 도
피, 이 세 가지를 모든 것의 기본으로 여겼다.[1]

사막 금언집을 살펴보면 '도피'fleeing라는 주제가 자주 등장합니다.
언뜻 보기에 '도피'라는 말은 단순하고도 분명하게 도시를 떠나 사
막으로 들어가는 것, 그렇게 사람들에게서 멀어지는 것을 가리키는
표현 같습니다. 하지만 앞서 살펴보았듯 도피는 단순히 사람들에게
서 멀어지는 일 보다 더 복잡한 일입니다. 이와 관련해 가장 오래된
전승 중 하나로 아르세니우스에 관한 일화가 있습니다. "황궁에서

---

[1] 페르메의 테오도루스 5.

살던 시절"에 아르세니우스가 자신을 구원의 길로 이끌어 달라고 하느님께 기도하자 한 소리가 그에게 들려옵니다.

인간 무리를 피해라. 그러면 구원받을 것이다.[2]

그러나 여기에 내용이 약간 덧붙은, 조금 더 후기에 마카리우스의 이름으로 전승된 이야기를 통해 볼 때, 초기 세대의 수도사들은 도피와 단순히 떨어져 사는 것의 차이를 매우 잘 인지하고 있었던 것 같습니다.

압바 이사야가 압바 마카리우스에게 물었다. "한 말씀만 하소서." 원로가 답했다. "인간 무리를 피하십시오." 다시 압바 이사야가 원로에게 물었다. "인간 무리를 피하라는 것이 무슨 뜻입니까?" 원로가 대답했다. "독방에 앉아 자기 죄에 대해서 울라는 말입니다."[3]

분명 사막 수도사들은 당대 사회 제도 및 체제에서 떨어져 나왔습니다. 그들은 사회 전반에 퍼져있던 순응주의, 평범해진 종교에서 벗어나고자 했습니다. 그러나 그들이 관계와 책임까지 벗어 던지

---

2 아르세니우스 1.
3 마카리우스 27.

려 했던 것은 아닙니다. 지금까지 살펴보았듯 사막 수도사들은 그들 자신과 다른 사람을 좀 더 온전히 책임지기 위해 사막으로 들어갔습니다. 그들은 자신의 소명이 무엇인지 이해하려면 자신이 맺고 있는 관계들을 반드시 고려해야 한다는 것을 알고 있었습니다. 마카리우스의 말대로 도피란 문자 그대로, 혹은 실제로 다른 사람들에게서 떨어져 나와 "독방에 앉는 일"이면서도 그렇게 하면 자신의 문제를 해결할 수 있다고 여기는 사치스러운 마음을 거부하는 일입니다. 다른 무엇보다 도피란 자신의 죄에 (울면서) 책임을 지는 일입니다. 이 맥락에서 안토니우스가 포이멘에게 건넨 말을 살펴보면 '도피'의 의미를 좀 더 분명하게 알 수 있습니다.

> 압바 안토니우스가 압바 포이멘에게 말했다. "하느님 앞에서 언제나 자기 죄에 책임을 지고 마지막 숨을 거둘 때까지 유혹을 마주하는 것, 바로 이것이 인간이 해야 할 위대한 일입니다."[4]

도피하지 않은 채 피로감을 풀기만 한다면, "인간 무리"에 기댄다면 날카롭게 유지해야 할 책임감은 무뎌지고 자신의 상황을 편안하게 조정할 수 있다는 착각에 빠지게 됩니다. 방 가구 배치를 바꾸고 창문을 닦는 식으로 환경에 변화를 주면 잠시나마 내면의 번잡함은 수

---

4 안토니우스 4.

그러들 수 있을지 모릅니다. 다른 이와 이야기를 하면서 그 사람이 나에게 맞추어 적절한 반응을 보이게끔 유도할 수도 있습니다. 자신이 느끼는 죄책과 불안을 남 탓을 하며 약화시킬 수도 있습니다. 누군가 우리를 비난하며 상처를 입히고 우리가 미처 생각지도 못했던 부분을 지적하며 우리를 비난했다고 생각해 봅시다. 이때 우리는 우리에게 호의적인 "무리"에게 이 상황을 털어놓음으로써 우리를 향한 비판은 더는 들을 가치가 없는 것으로 만들고 (언제나 그랬듯) 우리 자신은 괜찮은 사람임을 재확인받고자 하는 경향이 있습니다. 우리는 그러한 방식을 우리 자신을 위해서 좋은 일이라고 여깁니다. 그러나 이는 목이 마르다고 소금물을 마시는 것처럼 장기적인 관점에서 그다지 유익한 길이 아닙니다. 한편으로는 우리를 향한 비난의 목소리, 혹은 비판의 목소리를 잠재우기 위해 열심히 일하는 길도 있습니다. 하지만 이는 자신의 정당함, 무고함을 위한 강박적인 활동이 되기 십상입니다. 어떠한 식으로든 자기정당화라는 무거운 짐을 짊어지게 되는 것이지요. 바로 이 때문에 사막 교부들은 도피하라고, 인간 무리를 피하라고 말했습니다. 자신에게 호의적인 무리든, 자신을 비난하는 무리든 '무리'는 우리를 평생에 걸쳐 좌절하게 만들기 때문입니다.

인간 무리를 피하라는 말, 도피하라는 말을 현대적인 용어로 표현해보면 투사projection 하기를 멈추고 여기서 피하라는 말이라 할 수 있습니다. 우리는 다른 사람이 우리에게 하는 투사, 우리가 다른 사람에게 하는 투사, 그리고 우리가 우리 자신에게 부풀어 오른 기대를 품는 것에서 피해야 합니다. 사막 교부 금언집에서 '도피'와 관련된 일화들을 찾으면 우리가 피해야 할 다양한 대상들을 발견하게 됩니다. 이 대상들은 모두 우리 자신을 손쉽게 투사하는 것들이라는 공통점을 지니고 있습니다. 먼저 사막 수도사들은 '생각들'에서 도피해야 한다고 말합니다. 생각들thoughts, 그리스어로는 로기스모이 λογίσμοι라 하는 이 말은 수도 공동체 문헌들에서는 우리의 내적 삶을 장악할 수 있는 강박적인 환상들이 꼬리에 꼬리를 물고 일어나는 것을 뜻합니다.[5] 또한 사막 수도사들은 지위에서, (이 세상의) 영광에서 도피해야 한다고 말합니다.

압바 크로니우스에 따르면, 펠루시움의 압바 요셉이 자기에게 다음 이야기를 해주었다고 한다. "내가 시나이에서 살 때, 착하고 금욕적이며 잘생긴 한 형제가 있었습니다. 그는 공동집회에 참석하기 위해 낡아서 기운 짧은 외투를 입고 교회에 왔습니다. 한번은 내가 집회에 오는 그를 보고서 말했습니다. '형제, 교회에서 집회를 위해 천사들처럼 차려입은 형제들이 보이지 않습니까? 형제는 어떻게 항상 그런 차림으로 올 수 있습니까?' 그가 대답했습니다. '압바, 용서하십시오. 하지

---

[5] 에바그리우스와 카시아누스도 이 문제를 두고 토론을 나눕니다.

만 저에게는 다른 옷이 없습니다.' 그래서 그를 내 암자로 데리고 가서 투니카 하나와 필요한 다른 것들을 주었습니다. 그날부터 그는 다른 형제들처럼 그것들을 입었고 천사처럼 보였습니다. 그런데 한번은 교부들이 이런저런 일 때문에 열 명의 형제를 황제에게 보낼 필요가 있었습니다. 그 형제도 파견될 그룹의 한 사람으로 뽑혔습니다. 그는 이 소식을 듣고서 교부들 앞에 엎드려 말했습니다. '주님의 이름으로 저를 용서하십시오. 저는 세속에서 한 고관의 노예였습니다. 만일 그가 저를 알아본다면. 그는 제 수도복을 벗기고 저를 다시 자기 종이 되게 할 것입니다.' 납득한 교부들은 그를 남겨두었습니다. 하지만 후에 교부들은 그를 잘 알고 있는 어떤 사람으로부터 그가 세상에 있을 때 최고 통치자였다는 사실을 알게 되었습니다. 이 때문에 그는 그런 변명을 했던 것입니다. 이렇게 해서 아무에게도 알려지지 않고 사람들에게 방해받지 않으려는 것이었습니다. 교부들은 이 세상의 영광과 평화에서 달아나는 데 큰 관심이 있었습니다."[6]

그리고 말에서 도피해야 한다고 말합니다.

압바 마카리우스가 스케티스에서 집회가 끝나자 형제들에게 말했다.

---

[6] 크로니우스 5에는 한때는 세속의 고관이었으나, 사막에 온 이후 아무도 자신을 알아보지 못하게 하려고 남루한 모습으로 지낸 한 수도사의 일화가 나옵니다.

"형제들, 피하십시오." 한 원로가 그에게 물었다. "우리가 이 사막에서 어디로 더 피할 수 있단 말입니까?" 그는 자기 입술에 손가락을 대고 말했다. "이것을 피하시오." 그리고 자기 암자로 들어가 문을 닫고 앉았다.[7]

압바 아이오가 압바 마카리우스에게 청했다. "한 말씀만 하소서." 압바 마카리우스가 말했다. "사람들을 피하십시오. 암자에 머무십시오. 자기 죄에 우십시오. 사람들과의 대화에서 기쁨을 얻지 마십시오. 그러면 구원받을 것입니다."[8]

앞으로 살펴보겠지만 이 모든 것의 중심에는 말을 피하는 것이 있습니다. 이전에 살펴본 내용(우리의 삶과 생명은 이웃과 더불어 있으며 이웃을 옭아매는 일이라면 무엇이든 중단하고 거부해야 합니다)과 연결 지어 말하자면 우리는 이웃에게 하는 모든 말, 혹은 이웃에 관해 하는 모든 말을 면밀히 살펴보아야 합니다. 소명은 인격체에게 주어지기에 한 사람 한 사람이 지닌 소명은 모두 고유하며 독특합니다. 그러므로 우리 한 사람 한 사람에게는 자신이 뜻하는 바가 아닌, 하느님께서 뜻하신 바대로 성장할 수 있도록 해주는 충분한 공간이 있어야 합니

---

[7] 마카리우스 16.
[8] 마카리우스 41.

다. 이러한 맥락에서 피한다는 것은 곧 우리 자신이 하는 말을 의식하며 이에 비판적인 태도를 이어가는 것, 다른 이와 거리를 둠으로써 다른 이가 하느님과 친밀한 관계를 맺을 수 있도록 하는 것, (그러한 관계가 펼쳐지는) 그의 마음의 공간, 양심의 공간을 지켜주는 것을 뜻합니다. 앞서 언급했듯 '도피'의 형태는 사막 금언집에서 다양하게 나타나 우리에게 여러 생각거리를 던져줍니다. 여기에는 교회를 위해 '내'가 무엇을 할 수 있고, 또 해야 하는지에 대해 다른 이들이 생각하는 것으로부터 도피하는 것도 포함되어 있습니다. 사막 금언집은 종종 사제 서품을 짐으로, 혹은 피해야 할 유혹으로 그립니다. 요한 카시아누스는 수도사들에게 여성과 주교를 피하라는 조언을 많이 한 것으로 널리 알려져 있습니다.[9] 하지만 우리는 그가 그러한 조언을 하는 동안 다른 누구보다 본인이 주교 가까이 있었다는 사실을 염두에 두어야 합니다. 그는 평생토록 자신이 결국은 서품을 받아야 할지도 모른다는 다른 이의 말, 그리고 자신의 생각과 씨름해야 했습니다. 때로는 자신의 의향과 판단을 거슬러 서품을 받은 수도사들도 있었습니다. 페르메의 테오도루스Theodore of Pherme는 부제deacon 서품을 받았지만, 부제직 수행을 거부하고 도피했습니다.

매번 원로들이 그를 스케티스로 다시 데려오며 말했다. "부제직을 저

---

9 카시아누스 제도집 xi. 18.

버리지 마십시오." 압바 테오도루스가 원로들에게 말했다. "전례에서 내가 해야 할 역할이 있는지 확실히 알려달라고 하느님께 기도해 보겠습니다." 그런 다음 그는 하느님께 기도했다. "제가 이곳에 서 있기를 당신께서 바라신다면 제게 그에 대한 확신을 주십시오." 그러자 땅에서 하늘까지 이르는 불기둥 하나가 나타났고, 한 목소리가 그에게 말했다. "네가 이 불기둥처럼 될 수 있다면 가서 부제가 되어라." 이 말을 들은 그는 그 직무를 절대 받아들이지 않기로 결심했다. 그가 다시 교회로 돌아왔을 때, 형제들이 그 앞에 절하며 말했다. "부제가 되기 원치 않는다면, 적어도 성작chalice이라도 잡으십시오." 하지만 그는 거절하며 말했다. "나를 홀로 내버려 두지 않는다면, 이곳을 떠나겠습니다." 결국 그들은 압바 테오도루스를 평화로이 내버려 두었다.[10]

언뜻 보면 이 일화에서 테오도루스는 책임을 회피하거나 성직을 거부하는 것을 정당화하기 위해 지나치게 높은 기준을 세운 것처럼 보입니다. 하지만 왜 그가 그토록 서품받는 것을 부정적으로 바라보았는지 먼저 생각해보아야 합니다. 함께 생각해 볼 금언으로 압바 파네피시스의 요셉과 관련한 일화가 있습니다.

---

[10] 페르메의 테오도루스 25. 켈리아의 사제 이사악 1과 디오스의 페트루스 1을 참고하십시오.

압바 롯이 압바 요셉을 방문해서 말했다. "압바, 저는 할 수 있는 한 소시간경을 바치고, 조금 단식하고 기도하고 묵상하며 평화로이 생활합니다. 또 제가 할 수 있는 한 제 생각들을 정화합니다. 그 외에 제가 무엇을 할 수 있겠습니까?" 그러자 원로가 서서 하늘을 향해 두 팔을 펼쳤다. 그의 손가락들은 열 개의 등불처럼 되었다. 그가 압바 롯에게 말했다. "형제도 원한다면 완전히 불처럼 되십시오."[11]

압바 요셉에 따르면 수도사의 소명은 "불처럼 되는 것"입니다. 그렇다면 테오도루스에게는 무엇이 문제가 되었던 것일까요? 아마도 그는 "불처럼 되는 것"을 교회에서 눈에 띄는 역할을 맡는 것과 동일시했던 것으로 보입니다. 서품을 받아들이는 것은 평생에 걸쳐 기도를 무르익게 하며, 자신 및 교회 다른 구성원들에 대한 관심을 넓히고 깊게 하겠다는 결단을 내포합니다. 이와 관련해 테오도루스는 부제직을 받아들이는 것을 자신이 영적으로 충만하다고 선포하는 것으로 여겼으며 이러한 일은 자신이 구제불능일 정도로 교만함을 드러내는 것이라 생각했습니다. 오늘날 교회는 교회에서 특정 직분을 맡게 되는 것을 두고 이렇게 과감한 이야기를 인용하면서 매 순간 분투해야 한다고 사람들에게 가르치지는 않습니다. 이러한 이야기는 서품받은 모든 사람을 불편하게 만들기 때문입니다. 그리고 이러

---

[11] 파네피시스의 요셉 7. 동일한 전승에 대한 좀 더 평범한 이야기는 6에 나옵니다.

한 이야기는 교회에서 공적인 역할을 맡는 것이 땅과 하늘을 하나로 묶는 하느님의 활동, 용광로 속에서 활활 타오르는 불과 관련이 있다고 구성원 모두가 확신할 수 있을 때 온전히 이해될 수 있습니다. 교회 본연의 모습은 이토록 위험합니다. 이를 깨닫지 못하면 우리는 교회에 관한 핵심 사항을 놓치게 됩니다.

안타깝게도 오늘날 교회는 대다수 그리스도인에게 적용할 법한 질문들을 사제, 혹은 부제품을 두고 분투해야 하는 이들에게 적용한 다음 서품 여부를 결정하는 경향이 있습니다. 사목활동을 하는 성직자가 되려는 이에게는 훨씬 더 진지하고, 심각한 질문을 던져야 하는데도 말입니다(그리고 마찬가지 차원에서 주교직을 앞둔 이들에게는 사제직이나 부제직보다 훨씬 강도가 덜한 질문을 던지는 것처럼 보입니다). 교회는 성직자의 소명을 확인하기 위해 해당 후보에게 '지위'를 노리는 것은 아닌지, 하느님의 영광을 드러내는 것이 아닌 이 세상, 혹은 자신의 영광을 기대하는 것은 아닌지 물어야만 합니다. 테오도루스는 서품받은 이들이 커다란 위협에 처해 있다고 생각했습니다. 그들이 발을 딛고 있어야 하는 곳에서는 영적으로 매우 치열한 분투가 이루어지고 있기 때문입니다. 좀 더 평범한 수준에서도 그들이 위협에 처해 있다는 사실은 바뀌지 않습니다. 성직이 일종의 위계로 작용할 때, 그리고 사람들이 그의 직분에 존경을 표시할 때 영적으로 계속 손상을 입게 될 것이기 때문입니다. 이는 사막 수도사들이 어떤 그리스도인들이 공적 사목을 감당하도록 부름 받았다는 것을 부정했다는 뜻이 아닙니다(사막 수도사들은 은총의 일상적인 수단들을 필요로 하지 않을 정도로 신심이 탁월한 완벽한 영혼들의 공동체로서 교회를 다시 세우려한 적이 결코 없습니다. 그들은 성사를 부정하지 않았으며 심지어는 제도교회도 반대하지 않았습니다). 하지만 그들은 수도사로서 증인이 되라는 부름과 자신의 영광을 추구하는 환상에 빠지기 쉬운 자리, 다른 이들의 환상에 걸려들기 쉬운 자리에 오르는 것은 쉽게 양립할 수 없다고 생각했습니다. 이미 여러 차례 밝혔습니다만, 이러한 경계는 서품이라는 문제에만 적용되는 것이 아닙니다. 누가 보기에도 '선한 행동'을 할 수 있는 기회를 많이 갖고 있는 위치, 명성과 존경을 얻을 기회를 많이 갖고 있는 위치에 있는 이들이라면 누구나 스스로에게 이러한 질문을 던져 보아야 합니다. 질문의 핵심은 교회에서, 혹은 사회에서 자신이 있는 자리에 걸맞은 책임을 지고 있는지 아닌지 따져 묻는 것이 아닙니다. 사막은 우리에게 책임과 관련해 던져야 할 가장 근원적인 질문은 자기 자신과 다른 이의 성장을 돕고 있는지, 그리고 하느님 앞에서 진실한지를 묻는 것이라고 가르칩니다.

서품이 이런 양가성ambivalence을 지니고 있음을 고려한다면 우리는 서품받은 사람이 해야만 하는 말(가르침, 설명, 권면, 권징)에 대해서도 마찬가지로 고찰해야 합니다. 앞서 이야기했듯 사막 교부들은 전문적인 신학자들과 사상가들을 매우 경계했습니다. 사막 금언집은 수

많은 일화를 통해 신학 논쟁과 신학적 질문들 앞에 과도한 자신감을 갖고 이야기하는 것을 피해야 한다고 말합니다.

방문객은 성경과 영적이고 천상적인 것들에 대해 말하기 시작했다. 하지만 압바 포이멘은 외면하고 아무 대답도 하지 않았다. 방문객은 포이멘이 아무 말도 하지 않는 것을 보고 낙담하여 밖으로 나왔고 자기를 데려온 형제에게 말했다. "긴 여행이 헛수고였습니다. 나는 원로를 보러 왔는데, 그는 내게 아무 말도 하고 싶지 않은가 봅니다." 그러자 형제는 안으로 들어가 압바 포이멘에게 말했다. "압바, 자기 고장에서 명성을 얻고 있는 훌륭한 사람이 압바 때문에 여기 왔는데, 어째서 아무 말씀도 하지 않으셨는지요?" 원로가 말했다. "그는 위대하고 천상적인 것들을 이야기하지만, 저는 하찮아서 지상적인 것들을 이야기합니다. 그가 영혼의 욕정들에 대해 이야기했다면 저는 대답했을 것입니다. 하지만 그는 제게 영적인 것들에 대해 이야기하는데, 저는 그것에 관해 아무것도 모릅니다." 그러자 형제는 밖으로 나가 그 방문객에게 말했다. "원로는 성경에 대해 즐겨 말씀하시지 않습니다. 하지만 누군가 영혼의 욕정들에 관해 조언을 구하면 그분은 대답하십니다." 깊이 뉘우친 방문객은 원로에게 되돌아가 물었다. "압바, 영혼의 욕정들이 저를 지배하는데 어찌하면 좋겠습니까?" 원로가 기쁜 표정을 지으며 말했다. "이번에는 제대로 오셨군요. 이제 이 문제에 관해 입을 여십시오. 그러면 제가 좋은 것들로 채워 드리겠습니다."[12]

물론 그리스도교의 복음과 관련해 공중 앞에 선 자리에서 말을 할수 있는 이로서 서품받은 이가 공개적으로 자신을 추켜세우는 일은 거의 없을 것입니다. 하지만 이 대목에서 왜 사막 교부들이 모든 도피 중에서 말에서 도피하는 것을 가장 중시했는지, 말하는 행위 자체를 가장 멀리해야 한다고 가르쳤는지를 곱씹어 보아야 합니다. 다시 한번 마카리우스와 관련한 일화를 인용해보겠습니다.

압바 마카리우스가 스케티스에서 집회가 끝나자 형제들에게 말했다. "형제들, 피하십시오." 한 원로가 그에게 물었다. "우리가 이 사막에서 어디로 더 피할 수 있단 말입니까?" 그는 자기 입술에 손가락을 대고 말했다. "이것을 피하시오." 그리고 자기 암자로 들어가 문을 닫고 앉았다.[13]

사방에 펼쳐진 모래밭을 둘러보다가 어디로 피하라는 뜻인지 몰라 어리둥절해 하는 나이든 수도사의 모습과 단순한 몸짓을 곁들여, 어떤 표현보다도 더 분명하게 대답하는 마카리우스의 모습이 자연스

---

12 포이멘 8.
13 마카리우스 16.

럽게 그려집니다. 누가 봐도 유혹임이 분명한 것들을 얼마나 멀리하든 간에 자신이 실제로 생각하는 바를 애매하게 드러내거나 의도를 숨긴 채 말로 힘겨루기를 할 위험, 말로 서로에게 상처를 입힐 위험은 언제나 있기 마련입니다. 이는 신앙 문제, 영적인 문제와 관련한 말과 글이라고 해서 다르지 않습니다. 자신의 혼란스러운 내면을 고통스럽게 마주하거나 하느님 앞에서 서로를 위한 공간을 공들여 만드는 일에 초점을 맞추지 않은 말과 글은 우리로 하여금 "어리석은 짓을 하게" 만드는 체제, 자신이 무엇을 위해 존재하는지도 모르는 세상의 일부에 불과합니다.

> 압바 오르가 말했다. "사람들에게서 달아나십시오. 그렇지 않으면 세
> 상과 그 안에 있는 사람들이 당신에게 여러 어리석은 짓을 하게 할 것
> 입니다."[14]

이를 G.K. 체스터튼G.K.Chesterton은 「오, 이 지상과 제대의 하느님」O God of earth and altar이라는 찬송시에서 "참혹한 사람들을 위로하는 듣기 좋은 말"이라고 표현했습니다. 사막 수도사들은 듣기 좋은 말과 그러한 말이 덮는 궁극적인 참혹함, 인간다움에 관해 우리가 우리 자신에게, 그리고 다른 이에게 하는 거짓말이 지닌 파괴성에서 우리를

---

[14] 오르 14.

구하는 데 관심을 가졌던 것으로 보입니다. 애니 딜라드는 글을 쓸 때 자신이 최선이라고 생각한 것, 자신의 기대에 가장 잘 부합하는 것부터 버려야 한다고 말한 바 있습니다. 이러한 비판의식 없이 글을 쓴다면 글 쓰는 과정을 통해 우리에게 마땅히 일어나야 할 변화는 전혀 일어나지 않을 것이기 때문입니다. 그 때문에 그녀는 글을 쓸 때 자신의 숨겨진 약점을 들추어 내 가혹하리만치 비판할 수 있는 시각을 가져야 한다고, 글 쓰는 일을 어렵게 만들어야 한다고 말합니다.

먼저 아무것도 할 수 없다는 것을 인정하라. 이미 만들어 놓은 구조를 펼쳐 놓고 머리카락처럼 자그마한 균열을 찾아 엑스레이 검사를 하라. 그리고 이에 관해 일주일이고 일 년이고 고민해보라. 그리고 해결할 수 없는 문제를 해결하라. … 엄밀하게 검사하라. 미처 살펴보지 못한 잘못된 전제가 숨어 있을 것이다. 반드시 필요한 뭔가가 빠졌거나 잘못되어 있을 것이다. 일단 잘못된 부분을 찾아 이를 인정할 수 있다면, 그것은 다시 시작할 수 있음을 뜻한다.[15]

사막에서 수도사들이 일정한 규율을 따라 자기고발이라는 짐을 떠안은 것이 바로 엑스레이 검사를 하는 것이라 할 수 있습니다. 사

---

15 *The writing life*. 10.

막에서 해결되지 않은 문제는 다름 아닌 자기 자신이기 때문이지요. "머리카락"처럼 난 "자그마한 균열"은 찾기 힘들지만 치명적인 자존심, 이웃에 대한 무관심이라 할 수 있습니다. 이러한 균열로 인해 우리는 하느님은 물론 자기 자신과도 일그러진 관계를 맺게 됩니다. 작가가 당연하고 쉬운 글을 쓰지 않기 위해 분투해야 하듯 우리 또한 우리 영혼이 쉬이 반응하지 않도록, 섣불리 상상력을 발휘하지 않도록, 다른 이들에게 인정받기 쉬운 간편한 방법들에 빠지지 않도록 분투해야 합니다. 이를 통해 나온 반응과 상상, 행동을 과감하게 버려야 합니다. 사람들은 종종 전업 작가들에게 작가의 삶이 왜 그렇게 고달파야만 하냐고 묻습니다. 그 이유를 말하자면 작가는 자신을 낯설게 만드는 시간을 확보할 때만 어리석고 독선으로 치닫는 움직임에서 벗어나 자신의 참된 모습을 보고 이를 표현할 수 있기 때문입니다. 이른바 성인들 또한 흥미롭고 영감 넘치는 삶을 살았을 뿐 아니라 매우 고달픈 삶을 살았습니다. 그들이 유달리 신경질적이거나 예측 불가능한 행동을 해서 그런 삶을 살았던 것이 아닙니다 (그들이 우리처럼 신경질적이고 예측 불가능했다고는 말할 수 있을지라도 말이지요). 다만 그들은 공식처럼 여겨지는 삶을 살지 않았습니다. 그들은 다수가 지지하는 '대의'를 좇지 않았습니다. 그리고 특정 집단에서 '선한 사람'의 역할을 맡지도 않았습니다. 그들은 그저 자기 자신을 철저하고도 면밀하게 살피는 일에 몰두했습니다. 엑스레이 검사를 하듯이 말이지요.

개인으로서 자신을 자유롭게 표현하기 위해서(앞서 언급했습니다만 이는 거대한 망상이기 십상입니다)가 아니라 참된 자신을 발견하기 위해, 인격체가 되기 위해, 인격체들로 이루어진 공동체의 구성원이 되기 위해 체제에 순응하는 데서 벗어나면 그는 이내 사막 수도사들이 마주했던 것과 같은 도전을 마주하게 됩니다. 그리고 수도사들이 그랬듯 침묵이 얼마나 소중한지를 알게 됩니다. 체제에서 벗어나고 말을 피하는 이유는 어떤 관계들에서 자신을 끊어내기 위함이 아닙니다. 오히려 T.S.엘리엇이 『네 개의 사중주』에서 "부족의 방언을 정화하는 것"이라고 표현한 것처럼, 인격체들로 이루어진 공동체를 위한 언어를 회복하기 위해서입니다. 이 세상에서 우리가 하는 말의 대부분은 통제와 회피를 위해 쓰이며 우리는 이러한 말들로 채워진 언어 놀이에 휘말려 있습니다. 그러나 이 인격체들의 공동체는 이러한 언어 놀이에서 벗어날 수 있을 만큼 자유롭습니다. 예수가 제자들에게 자신이 누구인지를 말해주었을 때를 기억해봅시다. 예수의 말에 제자들은 수군거립니다.

제자들 가운데 여럿이 이 말씀을 듣고 "이렇게 말씀이 어려워서야 누가 알아들을 수 있겠는가?" 하며 수군거렸다. (요한 6:60)

예수는 제자들에게 쉬운 공식을 주지 않았습니다. 예수는 제자들에게 자신이 누구인지를 알려주기 위해, 그들 각자의 가장 깊은 곳에 있는 갈망과 진실을 깨닫게 하기 위해 그들을 초대하고 그들에게 말을 건넸습니다. 그는 우리에게 진리가 드러날 수 있는 관계라는 맥락에서 말을 건네고 우리는 그 말을 받아들이고, 되뇌고 되새기며 흡수해 그를 위해 다른 이들에게 말을 전합니다. 점차 성령이 제공하는 선물을 통해 제자들이 모인 새로운 공동체를 위한 새로운 언어가 일어납니다. 이 언어(성경과 교리)는 아버지 하느님께 말할 수 있는 위대한 단순성을 지닌 언어이며 하느님께서 하신 말씀이 서로를 향해 울려 퍼지게 하고 서로에게 되새길 수 있는 놀라움으로 가득 찬, 대담한 이미지를 가득 품고 있는 언어입니다. '듣기 좋은 말'로는 아무것도 빚어낼 수 없는 그 지점에서 예수는 자신의 활동과 죽음, 그리고 부활을 통해 한 인간 집단을 창조했습니다.

작가들이 온전한 글을 쓰기 위해 분투하는 과정은 진리를 추구하는 매 순간 우리가 일종의 '도피', 무언가를 피하고 삼가는 것, 즉 일종의 절제를 해야 함을 보여줍니다. 상상력을 동원해 무언가를 창조하는 활동이라면, 그것이 무엇이든 그 과정에는 침묵의 순간, 쉬워 보이는 것을 신중하게 대하는 순간, 간편해 보이는 길 앞에서 멈추고 숙고하는 순간이 필요합니다. 이는 예술뿐 아니라 과학도 마찬가지입니다.

오늘날 세상은 정치가 그 지배력을 확산해가고 있고 사람들은 다른 이들에게 자신이 어떻게 비칠지, 자신을 어떻게 드러낼지에 더욱더 관심을 쏟아붓고 있습니다. 연예 산업은 사람들이 매일 가상의 이미지들을 거래하도록 부추깁니다. 쇼비즈니스가 사방으로 촉수를 뻗치고 있습니다. 사람들이 어리석어서가 아닙니다. 우리 모두에게는 이러한 놀이들에 깊이 빠져들고자 하는 성향이 있습니다. 우리는 언제 어떻게 피할지를 알아야 합니다. 사막 교부의 말을 기억하십시오. 세상은 우리가 어리석은 짓을 하게 만드는 곳입니다.

• • •

지금까지 살핀 내용을 바탕으로 오늘날 신앙을 지닌 인격체가 된다는 것은 어떠한 의미를 갖는지 새롭게 기술해보겠습니다. 물론이는 비단 오늘날에만 적용될 수 있는 것은 아닙니다. 그리스도인이 된다는 것은 우리가 어떻게 말하는지, 언어에 관해 우리가 어떻게 생각하고 있는지를 분명히 밝히는 것입니다. 신앙의 백성은 그들이 말하는 방식을 통해서 자신들을 드러냅니다. 그들은 뻔하고 진부한 말을 하지 않으며 비인간적인 조롱도 하지 않고 번지르르한 위로의 말을 건네지도 않습니다. 이러한 맥락에서 회심이란 이른바 '교회 언어'를 익히거나 새로운 생각들을 받아들이는 것이 아니라 새로운 방식으로 이야기하게 되는 것입니다. 세상에서는 일을 더 고되고 파괴적으로 만드는 방식이 아니라면 거의 이야기를 할 수 없습니다. 이와 달리 하느님의 영역에서는 찬미하고, 인내하며, 주의를 기울여 듣고 주의를 기울여 말하는 방식으로, 모든 것을 회복하는 방식으로 이야기가 이루어집니다. 새롭게 말하는 방식에는 여백이, 침묵이 있습니다. 이 침묵은 말할 것도, 아는 것도 없기에 입을 다물게 되는 절망적인 침묵이 아닙니다. 이 침묵은 희망을 머금고 있는 고요함, 아침이 밝아오기 직전의 고요함입니다. 빛이 다가오면 우리를 위해 드러나게 되는 것을 두려움 때문에 황급히 무언가를 말하다 그르치기를 바라지 않기에 형성되는 고요함입니다.

(사막 교부와 교모에 관한 저작을 남긴 많은 이들 중 한 사람인) 토머스 머튼Thomas Merton은 1960년대 광고와 정치 선동글에 쓰이는 언어들, 그 언어들로 인해 발생하는 기이한 일들에 관한 에세이를 쓴 적이 있습니다. 이 글은 그리스도인, 수도사로서의 자신의 소명을 수행한 결과물이라 할 수 있습니다.[16] 수도사로서의 삶이란 다른 무엇보다도 자신이 쓰는 말이 삶의 방식, 리듬의 일부가 되는 삶, 침묵이 자연스럽게 자리 잡은 삶, 하느님을 향한, 그리고 자신과 이웃을 향한 올바르면서도 창조적인 말로 빚어진 삶, 그러한 말로 삶의 윤곽이 잡히기를 희망하는 삶입니다.

---

[16] 다음을 참고하십시오. *Thomas Merton Encyclopedia* (New York: Orbis Books, 2002), 242~244.

토머스 머튼을 포함해 지난 몇십 년간 몇몇 작가들은 우리 모두가 수도사의 삶을 내면화할 수 있는 방법들에 관해 이야기했습니다. 그중에서도 가장 좋은 방법은 엑스레이 검사를 하듯이 우리가 하는 말들을 면밀하게 검토하는 것입니다. 이는 조금은 무섭게 들립니다. 우리가 나태한 말을 할 때마다 사상 경찰에게 보고될 것만 같은 억압적이고 암울한 분위기를 암시하는 듯한 느낌이 들기 때문입니다. 하지만 실제로 이는 삶을 긍정하고 참생명의 길로 나아가는 길을 열어젖히는 말, 기쁨을 안겨줄 수 있지만 마냥 유용하지만은 않은 말, 우리를 위협하는 방식이 아니라 이제 막 식별하기 시작한 현실을 적절하게 묘사하여 때로는 우리를 뒤흔들고 때로는 우리를 변화시키는 말을 찾는 것이라 할 수 있습니다. 이곳에서 우리는 그러한 말을 찾으며 그러한 말에 귀 기울입니다. 신앙의 공동체들이 이를 진지하게 추구하며 언어를 사용할 때 공동체는 거대한 전환을 가리키는 탁월한 징표가 됩니다. 그러므로 사막 전통이 이와 관련해 직접적인 이야기를 하지 않는다 하더라도 우리는 우리의 예배를 위한 새로운 말, 새로운 노래, 새로운 기도를 끊임없이 찾아야 합니다. 물론 우리의 예배 역시 쉬운 말들로, 현재의 우리를 편안하게 하는 말들로 채워질 수 있습니다. 우리의 말들이 거의 드러나지 않을 수도 있으며 초점을 잘못 맞추어 너무 많이 말하거나 얕게 말하거나 젠체하며 말하게 될 수도 있습니다. 이때 우리의 예배는 손쉽게 세상에 흡수되며 공동체는 세상의 한 영역이 되어버리고 맙니다. 예배는 긴 호흡을 지닌 이야기지 짧은 결의안들로 채워진 이야기가 아닙니다.

예배 언어에 관해 숙고하는 것은 그리스도인들에게 언어가 중요한 한 가지 신학적 이유를 상기시킵니다. 예배에서 우리는 "하느님의 말씀 아래에 우리 자신을 내려놓기" 위해 노력합니다. 우리의 마음과 생각을 들어 하느님께서 예수와 성경의 말들을 통해 하셨고, 하고 계시며, 하실 말씀과 조화를 이루기 위해 노력합니다. 우리는 삼위일체 하느님께서 자기 자신과 교류하심으로써 만물을 창조하셨음을 기억합니다. 그분의 말씀에 응답하기 위해 우리는 저 하느님의 친교에 대해 묵상하고, 친교를 반영할 수 있는 길을 모색합니다. 이는 우리가 맺고 있는 모든 관계에 마찬가지로 적용됩니다. 하느님께서 당신의 말씀으로 만물을 창조하셨다면 인격체로서의 인간을 포함한 모든 피조물은 하느님께서 이들을 향해, 그리고 이들 안에서 말씀하셨기에 존재합니다. 그러므로 하느님의 말씀에 적절히, 진실하게 응답하려면 우리는 하느님께서 창조의 각 요소를 향해, 그리고 각 요소를 통해 하시는 말씀에 귀 기울여야만 합니다. 희망을 머금고 침묵하며 귀 기울이는 것은 바로 이 때문에 중요합니다.

신화적인 표현을 해볼까요. 태초의 순간, 잠재성을 지닌 광활한 동굴에서 창조의 말씀이 울려 퍼집니다. 어둠 사이로 첫 번째 영원한 말씀이 끝없는 진동을 일으킵니다. 이 진동의 결을 따라 이 말씀의 소리에 감추어진 '화음들'harmonics도 퍼져나갑니다. 우리가 누군가와, 혹은 무언가와 올바른 관계를 맺고 올바른 반응을 한다는 것은 저 창조의 말씀과 화음을 이루어 노래하는 법을 알아낸 것이라 할 수 있습니다. 동방 그리스도교 사상에서 익숙한 언어를 사용해 보자면 세계를 이루며 세계에 있는 각 존재는 하느님의 고유한 창조 활동, 삼위일체 하느님께서 자신과 나누는 무한한 자기교류infinite self communication 안에서 이루어지는 독특한 전달, 하나이고 영원한 말씀에 기대고 있습니다. 그러므로 모든 존재는 자신의 중심에 이 하느님의 말씀, 하느님의 '로고스'λόγος를 지니고 있습니다.[17] 우리가 누군가와, 혹은 무언가와 참된 관계를 맺으면 서로의 중심에 자리 잡고 있던(그러나 감추어져 있던) 말씀이 드러나게 됩니다.

최근 자폐 아동들을 위한 음악 치료에 관한 책을 읽은 적이 있습니다. 책에서 인상적인 부분은 치료사가 어떻게 듣고 반응해야 하는지에 관한 대목이었습니다.[18] 먼저 치료사는 바닥에 악기들을 늘어놓고 자폐아가 원하는 대로 그것들을 이용해 소리를 내게 합니다. 그리고 난 다음 치료사는 모든 주의를 기울여 아이가 내는 소리에

---

[17] 고백자 막시무스Maximus the Confessor에게 특히 중요한 표현이며, 루마니아 신학자인 두미트루 스타닐로에Dumitru Staniloae도 그의 저서에서 사용한 바 있습니다. 이에 관해서는 다음 저작을 참고하십시오. Charles Miller, *The Gift of the World: An Introduction to the Theology of Dumitru Staniloae*(Edinburgh: T&T. Clark, 2000), 60~62.

[18] Mercedes Pavlicevic, *Music Therapy: Intimate Notes* (London: Jessica Kingsley Publishers, 1999), 특히 20~21을 보십시오.

담긴 일정한 리듬과 흐름을 찾습니다. 리듬과 규칙을 파악하면 치료사는 메아리치듯 아이가 낸 소리와 같은 리듬과 흐름을 지닌 소리를 냅니다. 이때 그전까지는 일어나지 않았던 자폐아와의 대화가, 교류가 일어납니다. 하느님의 말씀에 응답하는 일, 하느님의 말씀과 함께 더불어 사는 일 또한 이와 마찬가지입니다. 우리는 하느님의 생명, 하느님의 삶이 지닌 리듬, 흐름에 모든 주의를 기울여야 합니다. 처음에는 전혀 이해되지 않겠지만 차츰 어떻게 반응해야 하는지, 어떠한 소리를 내야 하는지 익히게 될 것입니다.

그리스도인들은 자주 "사랑으로 진리를 말하는 것"에 관해 이야기합니다. 지금까지 살펴본 것을 고려해 본다면 이 말의 의미는 다른 이들에게 연민을 느끼며 그들이 정확히 어디로 잘못 가고 있다고 말해주는 것이 아닙니다. "사랑으로 진리를 말하는 것"은 다른 이들이 자신의 내면 깊은 곳에서 하느님의 창조하시는 말씀이 활동할 수 있도록, 그 말씀이 그들에게, 그리고 그들을 넘어 울려 퍼지도록, 우리가 다른 이들에게 말하는 법을 익히게 되는 것을 뜻합니다. 사랑이란 이웃을 향한 선한 의도를 담은 감정이 아니라, 그들에게서 말씀을 적극적으로 찾는 행동입니다. 이러한 행동을 통해 우리는 하느님께서 그들에게 하시는 말씀을 들을 수 있게 되고, 그들을 통해 우리에게 하시는 말씀을 들을 수 있게 됩니다. 또한 '나' 혹은 '우리'에게 그럴듯한, '나' 혹은 '우리'의 관심에 들어맞는, '나' 혹은 '우리'가 생각하는 틀이 아닌, 진리를 그들에게 말할 수 있게 됩니다. 이러한 사랑은 때때로 우리가 통념적으로 생각하는 사랑처럼 보이지 않을 수 있습니다. 그리고 사막 수도사들은 이를 예리하게 인식했습니다.

압바 요한 콜로부스가 어느 날 자기 형에게 말했다. "나는 온갖 근심에서 자유롭고 싶습니다. 일하지 않고 부단히 하느님을 경배하는 천사들처럼 말입니다." 그래서 그는 자기 외투를 벗고 사막으로 갔다. 일주일 후, 그는 자기 형에게 돌아왔다. 그가 문을 두드리자 그의 형이 문을 열기 전 "누구시오?"라고 말하는 소리가 들렸다. 그가 "동생 요한입니다"라고 말했다. 형은 대답했다. "요한은 천사가 되었기에 더 이상 사람들 가운데 없습니다." 그러자 요한은 "형, 저에요"라고 말하며 형에게 간청했다. 하지만 형은 그를 들어오게 하지 않고 아침까지 근심 중에 거기 있게 하였다. 그런 다음 문을 열면서 동생에게 말했다. "너는 인간이고 살기 위해서 여전히 일을 해야 한다." 그러자 요한은 그 앞에 엎드려 말했다. "저를 용서하십시오."[19]

페르메의 압바 테오도루스가 말했다. "동정심을 끊어버리지 않는다면 저는 수도사가 되지 못할 것입니다."[20]

---

[19] 요한 콜로부스 2.
[19] 요한 콜로부스 2.
[20] 페르메의 테오도루스 15. 또한 28을 참조하십시오.

누군가가 도움을 청해 "동정심"에 응하고자 할 때, 혹은 동정심에 누군가에게 도움을 주고자 할 때 어느 정도 망설이게 되는 것은 나쁜 행동이 아닙니다. 우리는 (그 사람이 생각하는 만큼만, 혹은 우리가 생각하는 만큼만) 도움을 줌으로써 그 사람의 현실에 참여하기를 중단할 수도 있기 때문입니다. 프랑스 철학자 시몬 베이유Simone Weil는 우리가 어떻게 서로 사랑 안에서 관계를 맺을지에 대한 논의를 하는 가운데 '망설임'hesitation이라는 개념을 그 중심에 두었습니다.[21] 타인이라는 새로운 영역, 미지의 영역을 맞닥뜨리게 되었을 때 그 안으로 들어가기 전 우리는 경계에 서서 망설입니다. 이러한 망설임은 타인에 대한 두려움 때문일 수도 있지만, 타인에 대한 존중의 한 방식일 수도 있습니다. 그리고 이러한 맥락에서 사막 교부들이 말한 '도피'를 현대인들의 피부에 와 닿게 번역한다면 '망설임'으로 하는 것이 가장 효과적일지도 모르겠습니다.

이 모든 것은 우리가 그리스도인으로서 모든 윤리 문제에 접근할 때 좀 더 많은 것을 고려해야 한다는 것을 보여줍니다. 그러나 사막 교부들이 이야기하고자 하는 바가 어떠한 상황과 마주했을 때 자신이 가장 옳다고, 가장 사랑한다고 여기는 것이 무엇인지를 생각한 후 이를 행동으로 옮기는 일종의 상황 윤리situation ethics를 독려하는 것

---

[21] *Intimations of Christianity Among the Ancient Greeks* (London, 1957), 24~55. 더 자세한 설명은 다음을 참고하십시오. Peter Winch, *Simon Weil: 'The Just Balance'* (Cambridge: Cambridge University Press, 1989), 107~108, 164ff.

이 아님은 분명합니다. '당신의 마음 가는 데로 하라'와 같은 말은 엉터리 권고일 뿐 아니라 사람들을 끝없는 망상과 재앙으로 인도할 뿐입니다. 이에 맞서 사막 수도사들은 우리에게 다른 무엇보다 '듣는 법'과 '참여하는 법'을 익혀야 한다고, 이는 일정한 훈련을 필요로 한다고 조언합니다. 우리가 서로 마주할 때 상대를, 상대가 지닌 신비로움을 인내하지 못한다면, 하느님의 뜻을 결코 온전히 따르지 못할 것입니다. 자신에게, 그리고 다른 이에게 주의를 기울이는 법을 익히지 못하면 결코 깊이 있는 윤리적 행동을 할 수 없습니다. 물론 우리는 일정한 규칙rule을 따르는 것만으로도 외형적으로는 올바른 행동을 할 수 있을 것입니다. 하지만 그러한 '올바른 행동'은 우리의 정체, 하느님께서 우리에게 바라시는 우리 본연의 모습, 즉 인격에 바탕을 두고 일어나는 행동은 아니며 (그렇기에) 일정 이상의 압박, 혹은 유혹, 시련과 맞닥뜨리게 되면 부스러지기 쉽습니다. 또한 외형적으로 올바른 일을 하는 것에 집착하면 오히려 우리 자신과 다른 이에 관해 위험한 태도와 습관을 갖게 될 수도 있습니다. 다시 말해 인격에 바탕을 두지 않은 올바른 행동은 이웃과 더불어 사는 삶, 이웃을 통한 삶을 우리에게 상기시키지 않으며 우리와 이웃에게 생명을 가져다주지 않습니다. 물론 그리스도교에는 특정 행동은 언제나 잘못되었다고 말하는 규정code이 있습니다. 이를테면 고문, 사기, 무고한 사람이나 태아를 죽이는 일, 성적 폭력이나 불륜과 같은 행동을 신자는 해서는 안 된다고 그리스도교는 가르칩니다. 하지만 우리는 한 두 발자국 물러나 왜 그리스도교에서 이러한 행동을 해서는 안 된다고 가르치는지, 왜 이러한 행동을 자신과 이웃에게 충분히 주의를 기울이지 않는 것으로 간주하는지, 왜 이러한 행동이 다른 인격체에게서 하느님의 말씀을 듣는 것을 불가능하게 만든다고 이야기하는지를 숙고해 보아야 합니다. 그렇지 않은 채 이를 그저 '올바른 행동'을 제시하는 규칙으로 받아들인다면 공동체를 통해, 공동체 안에서 거룩한 삶을 이루고자 하는 우리의 기도와 우리의 삶, 우리의 실천은 결코 통합되지 못할 것입니다.

그리스도교 윤리에는 이론상 동시에 붙들기 어려운 두 가지 다른 시각이 있습니다. 하나는 하느님, 인간에게 있는 하느님의 형상, 피조 세계에 담긴 하느님의 목적에 부합하는, 그 영광에 부합하는 경배로서 행동이 있다는 강력하고도 타협을 거부하는 확신입니다. 다른 하나는 한 사람, 혹은 특정 집단의 가르침이나 권징은 결국 다른 사람을 통제하고 지배하는 수단이 될 수 있으며 결국 모든 이에게 손상을 입힐 수 있다는 의심입니다. 그리스도교 윤리는 둘 모두를 고려하며 그 사이에서 아슬아슬한 균형을 이루고 있습니다. 이를 두고 사막 수도사들은 이론적인 해결책 따위를 제시하지 않습니다. 다만 그들은 서로에게 배우는 사람들의 이야기를 들려줄 뿐입니다.

압바 이사악이 말했다. "저는 젊었을 때 압바 크로니우스와 함께 살았습니다. 그분은 늙고 몸을 떨면서도 절대 저에게 어떤 일을 하라고 말하지 않았습니다. 오히려 당신이 일어나서 저와 모든 사람에게 음식을 제공하셨지요. 그런 다음 저는 페르메의 압바 이시도루스와 함께 살았습니다. 그분 또한 저에게 어떤 일을 하라고 말하지 않았습니다. 오히려 그분은 식탁을 준비하며 제게 말했습니다. '형제, 원하면 와서 드십시오.' 저는 물었습니다. '저는 압바를 도우러 왔는데, 어째서 무언가를 하라고 절대 말하지 않으시는 겁니까?' 하지만 원로는 제게 어떤 대답도 하지 않았습니다. 그래서 원로들에게 가서 알렸고 그들이 와서 압바에게 말했습니다. '압바, 그 형제는 당신을 돕기 위해 거룩한 당신에게 왔습니다. 어째서 그에게 뭔가를 하라고 말하지 않으십니까?' 원로가 말했습니다. '저는 그에게 명령을 해야 하는 수도원의 장상이 아닙니다. 저는 지금까지 그에게 아무 말도 하지 않았습니다. 하지만 그가 원한다면 제가 행하는 바를 보고서 그것을 할 수 있을 것입니다.' 그 순간부터 저는 주도적으로 원로가 하려고 하는 바를 행했습니다. 원로는 무언가를 행할 때 침묵하며 했습니다. 그분은 침묵하며 일하는 법을 저에게 가르쳐주었습니다."[22]

압바 이시도루스는 적절하게 지도해주기를 바라는 이사악에게 "행

---

[22]   켈리아의 이사악 2, 포이멘 73, 174, 시소에스 45.

하는 바를 보고" 그것을 하라고 조언합니다. 그리스도인이 어떻게 행동하는지 인내를 가지고 지켜보라는 말이지요. 이는 압바 이시도루스가 자신이 완전함에 이르렀다고 생각했기 때문이 아닙니다. 압바의 조언은 고린토인들에게 보낸 첫 번째 편지에서 바울이 자신이 복음을 전해 회심한 이들에게 한 이야기와 비슷합니다.

> 내가 그리스도를 본받는 것처럼
>
> 여러분도 나를 본받으십시오. (1고린 11:1)

이제 막 수도 생활을 시작한 이사악은 이시도루스를 통해 매일 자신의 실패를 받아들이고 하느님의 심판에 자신을 여는 법, 안정과 권위를 보장하는 우월한 자리에서 내려와 자신을 낮추는 법, 이 모든 일을 기뻐하는 법을 익혀야만 합니다. 하지만 이 글을 보는 순간 독자분들은 이상한 역설을 발견할 것입니다. 우리는 이를 익혀야 한다는 것을 알고 있지만, 정말 이를 익히는 순간, 익히고자 하는 충동이 드는 순간은 누군가 인생의 방향을 바꾸어 주겠다며 이러한 가르침을 따르라고 명령할 때가 아니라 다른 방식의 삶을 사는 것이 가능함을 마치 선물 주듯이 몸소 보여줄 때이기 때문입니다. 다시 한번 기억하십시오. 성인, 혹은 거룩한 사람은 우리에게 '너무 고된 삶이다. 나는 저렇게 못살아'라는 생각이 들게 하는 사람이 아닙니다.

우쭐하게 만들거나 무언가를 통제하려는 움직임에서 도피할 때, 인정과 존중을 바라는 우리의 마음을 충족시켜주는 것에서 도피할 때 우리는 그리스도인으로서 말할 수 있습니다. 압바 베사리온이 이 야기한 대로 우리를 우쭐하게 만들거나 과한 자신감을 부여하는 것에서부터, 인정과 존중을 갈망하는 우리의 마음을 만족시키는 것에서부터 멀리 떨어져 그 상태에서 도망칠 때, 우리는 그리스도인으로서 말할 수 있습니다.

> 다른 형제들과 함께 생활했던 한 형제가 압바 베사리온에게 물었다.
> "제가 무엇을 해야 합니까?" 원로가 대답했다. "침묵을 지키고 자신을 다른 사람들과 비교하지 마십시오."[23]

침묵 가운데 있으면 다른 사람과 비교할 필요가 없습니다. 사막 금언집을 보면 독자들로 하여금 수도사들과 어떠한 비교도 하지 못하게 하려는 모습을 손쉽게 발견할 수 있습니다. 심지어 그 위대한 안토니우스조차 저잣거리에서 손쉽게 그와 영적으로 대등한 이를 발견할 수 있다고 말함으로써 그를 어떤 기준으로 삼는 것을 금합니다. 말하는 것 자체가 악하다거나 진리를 값싸게 만든다는 이야기가 아닙니다. 하느님께서 자기 자신과 교류하고 계시고 이를 인간의 차

---

[23] 베사리온 10.

원에서도 예수의 생애와 말을 통해, 성경의 증언을 통해 이어가신다면 우리를 만물의 핵심, 모든 사건의 핵심으로 인도하는, 경이롭고 하느님을 드러내며 우리를 변모시키는 말의 사건은 분명 존재한다고 할 수 있습니다. 기도를 드리는 와중에 우리 내면의 핵심부에 닻을 내리는 단어, 구절을 찾을 때, 우리를 고요함으로 인도하고 우리가 주의를 기울이게 하는 참된 말을 찾을 때 우리는 언어가 지닌 진정한 힘과 은총을 발견합니다. 이 언어(이 언어는 침묵과 말하는 것 둘 모두를 포함합니다)를 통해 우리는 하느님께서 말씀을 건네시는 사건에 참여할 수 있게 됩니다. 그 말씀이 지닌 화음에 우리의 말을 맞출 수 있게 됩니다. 그러나 대부분의 시간 동안 우리는 말, 언어를 진지하게 여기지 않습니다. "심판 날이 오면 자기가 지껄인 터무니없는 말을 낱낱이 해명해야" 할 것이라는 예수의 경고를 충분히 헤아리지 못합니다(마태 12:36, 여기서 "터무니없는 말"이란 아마도 나 자신과 이웃을 은총 속에서 살아가는 성숙한 인격체로 빚는데 아무런 역할도 하지 않는 모든 말을 가리킬 것입니다). 말을 진지하게 여긴다는 것은 진지한 말만을 쓴다는 뜻이 아닙니다. 장난스러운 말도 그 나름대로 의미를 지닐 수 있습니다(우리는 예수가 근엄하고 본업에 충실한 말만 쓰라고 가르쳤다고 생각하는 경향이 있습니다만 이는 잘못된 생각입니다). 하느님께서 창조하실 때 하시는 말씀과 조화를 이룰 수 있다면 말이지요. 은총의 활동은 예술과 아름다움, 심지어는 유머도 소외시키지 않습니다. 우리가 존중받아 마땅하다고 생각해 우리 자신의 명성을 드높이기 위해 말을 사용할 때, 혹은 다른 사람을 제물로 삼아 우리 자신의 위치를 고수하거나 보호하기 위해 말을 사용할 때, 말을 시장의 화폐처럼 다른 이와 우리 자신의 가치를 측정하기 위한 수단으로 삼을 때 어떠한 말이든 그 말은 타락합니다.

말을 낭비하지 않으려면 우리가 말을 충분히 성숙하게 쓸 수 있는 시간이 필요합니다. 성숙한 말은 깊은 곳에서 올라오며 앞서 말했듯 고요함과 희망을 머금은 기대에 바탕을 두고 있습니다. 적어도 처음에 우리는 우리 안에서 진실하고 창조적인 말들을 발견하지 못할 것입니다. 하지만 하느님과 함께하며 조금씩 성장하는 이들은 그러한 진실하고 창조적인 말을 하며 이들을 통해 우리 또한 그렇게 말할 수 있음을 깨닫습니다. 그들의 말이 진실하고 창조적인 이유는 그들의 입심이 좋기 때문이 아니라 집 안에서 편히 머물러 있듯 별다른 자의식 없이 자신의 내면 깊은 곳으로 가 이를 담아낸 말을 길어 올릴 수 있게 되었기 때문입니다. 그때까지는 우선 지금 우리가 쓰는 말, 우리가 말하는 방식을 주도면밀하게 살펴야 합니다. 이는 고되지만 반드시 해야 하는 일입니다. 때때로 부주의하거나 무례한 말을 하는 이들에게 우리는 말합니다. "당신이 정말 무슨 말을 하고 있는지 잘 생각해보세요." 이는 진실로 좋은 충고입니다. 말, 언어는 그 자체로 악하지는 않습니다. 그러나 우리가 언어를 사용하는 방식은 우리가 언어를 사용해 말을 하는 순간 많은 것을 잃게 합니다. 사막 금언집에는 이와 관련해 매우 인상적인 일화가 나옵니다.

압바 아폴론에게 이사악이란 제자가 있었는데 그는 온갖 선행으로 완전하게 단련되었으며 성체성사 때 부단한 기도의 은사를 받았다. 교회에 갔을 때에는 누구도 자기와 합류하는 것을 허락하지 않았으며 모든 일에는 때가 있기 때문에 만사는 그 고유한 때에 이뤄지는 것이 좋다고 말하곤 했다. 그는 공동집회가 끝나자마자 불에 쫓기듯 서둘러 자기 독방으로 돌아왔다. 종종 집회 끝에 빵 한 덩이와 포도주 한 잔이 형제들에게 제공되었지만, 그는 그것을 받지 않았다. 형제들의 만찬을 거절하고 싶어서가 아니라 끊임없이 기도를 드리고 싶었기 때문이다. 그가 병에 걸렸다. 이 소식을 들은 형제들이 그를 방문했다. 그들은 옆에 앉아 그에게 물었다. "압바 이사악, 어째서 전례가 끝나면 형제들에게서 달아나는 것입니까?" 그가 대답했다. "나는 형제들에게서 달아나는 것이 아니라 악령들의 사악한 계략에서 달아나는 것입니다. 등불을 켜고 야외에 오래 머물러 있으면 바람 때문에 등불은 꺼집니다. 우리도 마찬가지입니다. 우리가 성령의 조명을 받고서 독방 밖에 오래 머물러 있으면, 우리 영혼은 어두워집니다." 이것이 거룩한 압바 이사악의 삶이었다.[24]

---

[24] 테베의 이사악 2.

예배 곳곳에 있는 교제의 가시적인 상징들이 얼마나 깊은 의미를 담고 있는지 생각할 때 이 일화는 음미해볼 만한 가치가 있습니다. "형제들의 만찬", 즉 애찬은 그리스도교 전통을 헤아려 볼 때도 매우 좋은 일입니다. 그런 애찬에 참여하기를 이사악이 거부한 것은 애찬의 가치를 몰라서도, 그 가치를 부정하기 때문도 아닙니다. 그러나 그는 이로 인해 침묵이 깨지는 것을 바라지 않았습니다. 마치 등불의 불이 꺼질 것만 같은 느낌을 받았던 것입니다. 그는 침묵을 유지할 때만 일어나게 되는 순간이 있음을 감지했습니다. 세속적인 환경에서도 우리는 그러한 순간을 엿볼 수 있습니다. 영화《셰익스피어 인 러브》Shakespeare in Love 마지막 부분에서는 처음으로 셰익스피어가 관객들에게 「로미오와 줄리엣」Romeo and Juliet을 선보이는 장면이 나옵니다. 극이 끝나자 몇 초간 침묵이 흐릅니다. 배우들이 (연극이 완전히 망한 줄 알고) 당혹감을 느낄 만큼 말이지요. 그러나 이는 관객들이 '편하고 익숙하게' 여기던 세상에서 나와 또 다른 언어와 경험의 차원을 맛보았음을 보여주는 징표라 할 수 있습니다. 압도적인 경험에 대한 합당한 반응(박수)이 나오기 위해서는 시간이 필요합니다. 우리 모두 한 번쯤은 깊게 감동받은 연극이나 음악회가 끝난 직후 순간의 고요함을 경험한 적이 있을 것입니다. 그 순간을 말로 깨뜨리기보다는 일화 속 이사악처럼 독방으로 가지고 오고 싶을 것입니다. 그러한 순간은 분명 출몰하지만, 이를 말로 적절하게 담아내기까지는 시간이 걸립니다.

등불을 계속 밝히려면, 충분한 시간을 들여 참된 말이 나오게 하려면, 편하고 익숙한 반응, 뻔한 표현, 습관적으로 튀어나오는 신선하지 않은 말과 행동을 중단하려면(이 모든 것은 안정감에 대한 욕구를 드러냅니다) 필요한 시간을 충분히 취할 수 있는 환경에 있어야 합니다. '도피'는 계속해서 이곳저곳을 돌아다니는 것이 아닙니다. 앞서 말했듯 책임을 짊어지기 싫어 도망치는 것과 진리, 진실, 정직을 위한 도피(이는 오히려 책임을 짊어지는 길입니다)는 분명 다릅니다.

사막 전통은 어딘가 다른 곳으로 자리를 옮기면 일이 더 쉬워질 것이라는 생각에 담긴 유혹에 관해 많은 이야기를 합니다(이에 관해서는 마지막 장에서 살펴보겠습니다). 이 이야기들에 따르면 도피나 한곳에 머무르는 것은 동전의 양면과 같습니다. 둘 다 핵심은 (인격의 문제가 아닌) 개인의 문제를 중시할 때 이에 따르는 강박에서 벗어나는 길을 찾는 데 있습니다. 궁극적으로 우리 자신에 매이게 함으로써 우리 자신을 옭아매는 이 강박들에서 벗어날 때, 도피할 때 참된 자유가 일어날 수 있는 틈이 생깁니다. 관건은 우리 자신에게서 벗어나는 데 있지 않습니다(다음 장에서 사막 수도사들은 이로 발생할 수 있는 위험에 관해 이야기해줄 것입니다). 좀 더 정확하게 이야기한다면, 관건은 우리 자신에게로 돌아오는데, 참된 우리 자신에게로 도피하는 데 있습니다. 불안에 휩싸인 채 다른 이와 자신을 계속 비교하거나 출세를 위해 고군분투하거나 아무런 의미도 없는 말들만 이어간다면 우리는 우리가 진실로 누구인지 깨달을 수 없으며 성장할 수도, 성숙해질 수도 없습니다. 우리에게는 숨을 쉴 수 있는 "독방"이, 장소가 필요합니다. 이웃과 더불어 사는 삶은 다른 누군가가 하느님과 연결될 수 있도록 세상에, 자신에 여백을 마련하는 것, 공간을 마련하는 것과 연관이 있습니다. 그리고 참된 인격체들의 공동체에는 다양한 소명을 받아들일 수 있을 만큼 충분한 공간이 있습니다. 이곳에서는 자신의 소명을 이루기 위해, 자신의 성장을 위해 다른 사람을 쥐어짜지 않습니다. 기득권, 안전, 말(그리고 주교)을 피하라는 부름은 인격체로서의 인간을 억압하는 것들과 거리를 두어야 한다는 뜻과 다름없습니다. 이러한 억압들은 우리가 한 사람 한 사람이 인격체로 성장하는 것을 가로막고 저해합니다. 이러한 억압들을 그리스 그리스도교 전통에서는 '파테'πάθη라고 부릅니다. 이 말에서 파생한 영어 '패션'passion은 격정, 분노, 격노와 같은 감정을 뜻하지만 그리스 그리스도교 전통에서 쓰는 '파테'는 이보다 더 구체적입니다.

사막 수도사의 삶이란 매우 제한된 영역에서 하느님과 연결될 수 있는, 숨을 쉴 수 있는 공간을 찾는 일에 전념하는 삶입니다. 사진으로 보았을 때 사막은 광활하기 그지없습니다. 그러나 실제로 경험하게 되는 사막의 크기는 그곳에 들어간 이의 마음과 정신, 상상력의 크기와 같습니다. 사막에 들어가게 되면 온갖 제약들과 마주하게 됩니다. 그리고 특정한 사람들의 무리에 합류해 '공간'을 찾기 위해서는, 변하지 않는 환경 속에서 매일 정해진 규율을 따르기 위해서는 육체적으로나 정신적으로나 커다란 대가를 치러야 합니다. 그러나 표면으로 드러난 자기파괴적 욕망이 자유롭게 활개 치는, 겉으로 보기에는 너그러워 보이는 이 평범한 세상은 일정한 규율의 제한을 받고 온갖 제약들로 가득 차 있는 공간보다 훨씬 더 끔찍한 감옥일지도 모릅니다. 다시 한번 말하면 이 모든 것을 깨닫기 위해서는 충분한 시간이 필요합니다. 삶을 좀 더 편한 방식으로, 좀 더 쉬운 방식으로 살 수 있고, 살아야 한다는 망상들, 그리고 이 망상들로 가득 찬 풍경에서 피하는 법을 어느 정도 익혔다면 이제는 진실, 진리의 풍경에 온전히 머무르는 법을 익혀야만 합니다.

수도원에서 생활하고 있다면 다른 장소로 가지 마십시오 .
그것은 큰 해가 될 것입니다.

04

머무르기

수도원에서 생활하고 있다면 다른 장소로 가지 마십시오.

그것은 큰 해가 될 것입니다.

이 장에서는 이른바 사막 교모Mother of the desert가 남긴 금언과 이들과 관련된 일화를 중심으로 이야기하려 합니다. 실제로 사막 금언집에서 사막 교모들의 금언과 일화가 차지하는 비중은 매우 낮습니다. 당시 '남성' 중심 세계는 교모들을 '여성'으로 취급했기 때문입니다. 그러나 그녀들의 가르침만큼은 교부들의 가르침과 동등한 대우를 받은 것으로 보입니다. 사막 교모 중 한 사람인 암마 신클레티카

Amma Syncletica[*](어떤 사람들은 그녀를 여성스러운 성격을 지닌 교부로 여기기도 했습니다)가 남긴 금언부터 살펴보겠습니다.

> 수도원에서 생활하고 있다면 다른 장소로 가지 마십시오. 그것은 큰 해가 될 것입니다. 앉아서 알을 품지 않는 새가 알을 부화시키지 못하듯, 수도사들이나 수녀들이 한 장소에서 다른 장소로 옮길 경우 그들의 마음이 냉담해져서 그들은 신앙을 잃게 될 것입니다.[1]

이 금언 외에도 장소를 옮기지 말라는 금언이 많은 것으로 보아 사막에서는 수도사들이 장소를 옮기는 경우가 많았고 이 문제가 주된 문제로 떠올랐던 것 같습니다. 압바 모세와 관련된 일화 중에도 이를 다룬 일화가 있습니다.

> 한 형제가 스케티스에 있는 압바 모세를 방문하여 그에게 한 말씀을 청했다. 원로가 말했다. "가서 독방에 앉으십시오. 그러면 독방이 모든 것을 가르쳐 줄 것입니다."[2]

---

[1] 신클레티카 6.

[2] 모세 6.

[*] 신클레티카(c360~c445)는 알렉산드리아의 부유한 부모에게서 태어나 에바그리우스의 저서들로 교육받았으며, 부모가 죽은 후에는 가진 것을 팔아 가난한 자에게 나눠 주고 맹인 자매와 함께 알렉산드리아 도시 밖의 묘지에서 수도사로 살며 단식과 고행을 했다. 영적 지도자 역할을 하는 그녀를 중심으로 여성 금욕주의자들의 공동체가 형성되어 성장했다.

사막에서 가장 어려운 훈련은 다른 무엇보다 자신이 있게 된 곳에 머무르는 법을 익히는 것이었습니다. 이는 어떠한 금욕 수행보다도 어렵습니다. 우리 주변에서 언제든 마주하게 되는 사람들, 피할 수 없는 사람들, 자신이 속한 무리, 그 속에서 다른 이들을 견뎌내려면 매우 특별한 은총이 필요합니다. 이와 관련해 요한 콜로부스는 말했습니다.

> 누군가 하느님의 도구들을 가지고 있다면, 이 세상의 도구들을 전혀 가지고 있지 않더라도 독방에 머물 수 있습니다. 이 세상의 도구들을 가지고 있는 누군가가 하느님의 도구들을 가지고 있지 않으면, 그는 여전히 독방에 머물기 위해 세상의 도구들을 사용할 수 있습니다. 하지만 하느님의 도구도, 이 세상의 도구도 가지고 있지 않은 사람은 결코 독방에 머물 수 없습니다.[3]

안정을 향한 욕구는 세상에서 제공하는 자원, 기술로도 어느 정도는 충족될 수 있습니다. 하지만 사막 수도 생활을 통해 벗어나려는 것이 바로 이러한 자원과 기술입니다. 수도 생활은 평소에 안정을 위해 우리 자신을 산만하게 만드는 방식(자신의 삶을 극적으로 만드는 경향, 환상을 품는 것)을 흐트러뜨립니다. 사막의 선생들은 경고합니다.

---

[3]   요한 콜로부스 44.

하느님의 은총에 자신을 온전히 열지 않는다면 그것이야말로 진짜 문제라고 말이지요. 일정한 곳에 지속해서 머무를 때 생기는 문제는 단지 지루함만은 아닙니다. 사막 수도 전통에서는 독방에서 생활할 때 겪게 되는 영적 태만을 '아케디아'*acedia*라고 불렀습니다. 5세기, 그리고 이후 수도사들은 아케디아를 수도사가 빠질 수 있는 여덟 가지 주요 악습 가운데 하나이자 모든 유혹의 혼합으로 묘사했습니다. 이 상태에 빠지게 되면 절망, 무력감, 동기 상실, 압도적인 피로감, 내적 혼란 등을 겪게 됩니다. 에바그리우스와 카시아누스는 자신들의 글에서 이를 '정욕'으로 묘사하기도 했습니다.

사막에서 하루가 시작되는 순간을 상상해보십시오. 아침이 되어 태양이 뜨고 서서히 움직입니다. 땅은 온 몸을 땀으로 덮을 만큼 점점 달아오릅니다. 식사 시간이 채 되지도 않았는데 말이지요. 시간은 느리기만 하고 갈대를 엮어 바구니를 만드는 것 외에는 특별히 할 일도 없습니다. 이러한 지역에서, 이러한 생활을 통해 '발전'을 이루기란 불가능합니다. 사막 수도사들의 삶은 사막 주변에 널린 모래만큼이나 아무런 특징도 없는 삶 같아 보입니다. 이 황량한 곳에서는 설사 어떤 깨달음을 얻었다 해도 이를 나눌 수 있는 기회가 거의 주어지지 않습니다. 아무도 자신이 있는 곳으로 찾아오지 않고, 아무도 자신에게 무언가 가르침을 얻고자 하지 않습니다. 자신의 삶에 대한 회의가, 자신의 삶은 그저 이기적일 뿐이라는 생각이 솟구칩니다. 적어도 도시라면 자신을 필요로 하지 않을까 하는 생각도 듭니다. 그곳에 가면 효과적으로 일을 해서 뭔가 보탬을 줄 수 있을 것만 같습니다. 이곳만 아니라면, 지금이 아니라면 언제든 말이지요.

이를 이해하기 위해 애써 은둔 수도사가 될 필요는 없습니다. 규칙적으로 반복되는 일상을 보내고 있는 이라면 누구든 한 번쯤은 이런 생각에 빠지게 되기 때문입니다. 우리는 지금 있는 곳에서 무언가를 시작하고 싶어 하지 않습니다. 한 유명한 조사에 따르면 가고 싶은 곳이 어디냐고 사람들에게 물을 때 대다수는 이렇게 답한다고 합니다. "글쎄요. 지금 여기만 아니면 될 것 같은데요." 이 말은 일상에서 우리가 '지금, 여기'를 어떻게 생각하는지, 일상을 어떻게 느끼는지를 분명하게 보여줍니다. 이러한 상태에서는 사막에서 수행을 하거나 일정한 규율을 따라 생활을 하며 우리가 누구인지, 우리가 진정 어디에 있는지를 알려고 한다 해도 별다른 소용이 없습니다. 아니, 오히려 상태를 악화시킬 뿐입니다. 우리가 주의를 기울이지 못하는 이유는 우리가 있는 '장소' 때문이 아닙니다. 이러한 상태에서 사막에 있게 되면 우리가 다른 사람과 관계를 맺을 때 우리 자신의 안위를 위해 어떠한 계략을 짜내는지 결코 알 수 없습니다. 다만 침몰해 가는 자아ego가 자신을 살려달라고 애원할 뿐이지요. 우리는 그 애원에 무릎 꿇습니다. 결국 분명하나 복잡하며 실제적으로 답할 수 없는 것처럼 보이는 이 문제를 해소하기 위해 우리는 결국 또다시 우리 자신의 힘에 기대게 됩니다. '내가 할 수 있는 걸 변화시켜야지. 일단은 자리를 옮겨보는 거야.'

모든 동방 수도 교부가 그랬듯 에바그리우스도 이러한 인간의 성정을 잘 알고 있었습니다. 성 베네딕도는 이러한 생각에 사로잡힌 수도사들, 자신이 선호하는 공동체를 찾아 끝없이 '이곳'이 아닌 '다른 곳'으로, '이 사람들'이 아닌 '다른 동료'들을 찾아 돌아다니는 이들을 "기로바쿠스"gyrovagues(떠돌이 수도사)라고 부르며 신랄하게 비판했습니다.

> 수도사들의 넷째 종류는 '기로바쿠스'라고 불리우는 자들이다. 그들은 일생 동안 여러 지방을 돌아다니며 여러 암자에서 삼사일씩 나그네로 묵고 항상 떠돌아 다니며 한번도 정주하지 않고, 자기의 뜻과 탐식에 빠진 이들로 모든 점에 있어 '사라바이타'Sarabaites보다도 더 나쁜 이들이다.[4]

무명 모음집에도 자신에게 진정으로 적합한 신앙 지도(자신이 선호하는 신앙 지도)를 받기 위해 이곳저곳을 떠돌아다니는 행동이 실제로는 얼마나 자기 자신을 기만하는 것인지를 보여주는 이야기들이 나옵니다. 한 일화에서 원로는 젊은 수도사들에게 그들이 실제로 만나

---

[4] 베네딕도 수도 규칙, 1장.

고자 하는 이는 그들이 해야 하는 바를 가르쳐주는 이가 아닌, '고객'
으로서 그들이 원하는 것을 주는 이는 아닌지 묻습니다.

> 당신은 당신 자신에게 평화를 가져다준다고 느끼는 것을 찾고 있는
> 것은 아닙니까?[5]

우리는 신앙 성숙의 문제, 영적 성장의 문제를 자기 자신에 관한
문제가 아닌, 자기 외부의 문제(어떤 환경이나 상황의 문제)로 돌리려
하는 경향이 있습니다. 다른 곳에 가면 더 좋은 삶, 더 거룩한 삶, 더
균형 잡힌 삶을 살고, 남의 비판에서 초연해지며, 절제하고, 규율 잡
힌 삶을 살 수 있을 거라고 여깁니다. 마치 살을 빼면 노래 음정을
더 정확하게 부를 수 있게 될 거라고 여기는 것처럼 말이지요. '지금
여기'가 아닌 다른 어떤 곳에는 자신을 진실로 이해해주는 성인 같
은 누군가가 있을 것 같다고 우리는 상상합니다(그리고 그들은 내 삶
을 고되게 만들지 않을 것이라고 상상합니다). 이런 비현실적인 상상은 현
실보다 훨씬 더 매력적입니다. 이러한 상상은 현실을 이루는 다양한
관계망, 관계망 속 관계들이 주고받는 영향과 결과를 고려하지 않기
때문입니다. 하지만 우리는 현실에서 관계망에 속해 있으며 그 속에
서 영향을 받고 또 미칩니다. 사막 금언은 조언합니다.

---

[5] 무명 모음집 68.

지금 살고 있는 곳에서 시련이 닥친다면, 그 시련을 다 겪어낼 때까지 그곳을 떠나지 마십시오. 어디로 도망가든 도망쳐 나온 바로 그 시련이 항상 당신보다 먼저 도착해 있을 것이고, 당신은 끝없이 이를 발견하게 될 것입니다. 그러므로 시련이 다 지나갈 때까지 그곳에 머무르십시오. 그렇게 당신이 끝까지 떠나지 않고 머물렀을 때 당신을 향한 공격은 더는 일어나지 않을 것이며, 함께 살고 있는 다른 이들에게 그 고통을 떠넘기지도 않게 될 것입니다.[6]

시련을 겪는 이에게, 자신의 현실을 답답해하는 이에게 "너무 신경 쓰지마. 여기서는 어차피 안돼. 이 사람들이랑은 어려워"라며 다른 곳으로 가라고 조언하기는 쉽습니다. 그러나 그렇게 한다고 해서 근본적인 상태, 이 세상에서 자기 자신과 살아갈 때 일어나는 근질거림, 지속적으로 일어나는 아픔(아케디아)이 해결되지는 않습니다. 무명 모음집의 한 일화는 이를 매우 생생히 묘사합니다.

어느 격정에 사로잡힌 한 형제가 수도 생활을 했다. 그는 자주 화를 냈다. 그는 속으로 '아무래도 다른 곳으로 자리를 옮겨 혼자 살아야겠다. 다른 누군가와 얽히지 않으면 평화롭게 살 수 있겠지. 내 격정도 누그러질거야'라고 생각했다. 그래서 그는 동굴로 들어가 고독하게

---

[6] 무명 모음집 68.

지냈다. 하루는 그가 주전자에 물을 채우다가 주전자를 땅에 떨어뜨렸다. 물이 바닥에 엎질러졌고 그는 다시 주전자에 물을 채웠다. 그런데 또다시 주전자를 땅에 떨어뜨렸다. 형제는 화가 나 주전자를 집어던졌다. 순간 그는 정신을 차렸고 지금까지 악마가 자신을 속였다는 것을 깨달았다. 그는 속으로 생각했다. '나는 심지어 고독 중에도 망가질 수 있구나. 그렇다면 수도원으로 돌아가는 것이 더 낫겠다. 갈등은 어느 곳에서든 마주치고 발생한다. 하느님의 인내와 도움 역시 마찬가지다.' 그래서 그는 일어나 그가 떠나온 그곳으로 돌아갔다.[7]

그렇다면 완고하게 반복되는 일상 가운데 우리는 무엇을 해야 하는 것일까요? 우리는 우리의 몸을 가지고 어떻게 움직여야 하는 것일까요? 죄와 갈등은 단지 우리가 다른 이들에게 무언가를 한다고 해서 일어나지는 않습니다. 나 자신과 마주할 때뿐만 아니라 충돌은 어느 곳에서나 일어납니다. 사막 수도 생활 중 독방에 머무르는 일에서 핵심은 자신이 유한한 피조물이라는 진실, 그리고 자신이 모든 일을 통제할 수 없는 존재라는 진실을 되새기는 것입니다. 하느님의 수중에 있지만 우리는 외적으로나 내적으로나 아직 완성되지 못한 존재입니다. 위의 일화에서 형제는 인상적인 영적 깨달음을 얻었습니다. 그러나 그렇다고 해서 그가 온전한 인격체가 된 것은 아닙니

---

7   무명 모음집 69.

다. 그의 신앙이 진정으로 성숙해지기 위해서는, 그가 영적으로 더 성장하기 위해서는 하느님께서 그의 인격과 그의 인격이 빚어내는 삶 곳곳에 스며들어야 하며 이를 위해서는 시간이 필요합니다. 온갖 억압들에 짓눌린 영혼의 상태, '격정'의 상태를 다룰 수 있는 시간이 필요합니다. 거룩함을 향한 여정에서 우리는 평범하기 그지없는 일, 따분한 일, 지루한 일을 겪어야 합니다. 어떻게 하면 황홀경에 이를까 생각하지 마십시오. 자기부정이 얼마나 위대한 일인지도 생각하지 마십시오. 어떤 영적인 영웅 같은 것에 관한 생각도 접으십시오. 우리가 본질적으로 관심을 기울여야 하는 일은 지금, 여기에서 해야 할 일은 무엇인가 뿐입니다.

한 형제가 원로에게 물었다. "제가 무엇을 해야 할까요? 생각이 꼬리에 꼬리를 물고 머릿속을 떠나지 않습니다. 금식을 해야 할 것 같은 생각이 들기도 하고, 아픈 사람을 방문해 사랑을 표현해야 한다는 생각이 들기도 합니다." 악마가 형제에게 악의 씨앗을 뿌리려 한다는 것을 깨달은 원로는 형제에게 대답했다. "가서 먹고, 마시고, 잠에 드십시오. 다만 당신의 독방을 떠나지만 마십시오." 원로의 말을 들은 형제는 수도사로서 자신이 해야 할 일이란 자신의 독방에서 인내하는 일임을 알게 되었다. 3일 동안 형제는 원로의 말대로 했고 아케디아에서 벗어날 수 있었다. 그다음 그는 작은 야자수 잎 몇 개를 주웠고,

이를 다듬었고 다음 날에는 이를 엮어 바구니를 만들었다. 허기가 지자 형제는 무언가를 먹여야겠다고 생각했고 그대로 했다. 식사를 마친 뒤 야자수 잎들을 가지고 바구니를 다 만든 다음에 형제는 생각했다. '무언가 또 먹기 전에 성경을 읽어야겠다.' 그리고 그는 성경을 읽었다. 성경을 읽은 다음에는 '시편으로 찬송을 좀 불러야겠다. 그래야 선한 양심을 가지고 식사를 할 수 있을 테니까'라고 생각하고 찬송을 불렀다. 이렇게 그는 하느님의 도우심으로, 하느님께서 그에게 뜻하신 모습이 될 때까지 조금씩 조금씩 앞으로 나아갔다.[8]

거룩해지기 위해서 우리가 해야 할 일은 지극히 평범하기 그지없는 일이라고 사막 수도사들은 끊임없이 말합니다. 우리는 이전과는 다른 삶을 살고 있다고 느끼게 해주는 무언가 확실한 표시가 있기를 바랍니다. 그러나 사막 수도사들은 그저 나아가라고 말합니다. 지루하기 그지없고 따분한 일들이 눈앞에 계속 펼쳐진다 해도 말이지요. 위 일화에서는 심지어 누군가를 사랑하는 것까지 경계해야 한다고 말합니다. 이는 자칫 자신이 겪고 있는 지루한 일상과 자기 자신에 대한 두려움이라는 문제를 손쉽게 해결하기 위해 다른 누군가를 도구로 삼는 일이 될 수 있기 때문입니다. 물론 그렇다고 해서 사막 수도사들이 인간의 구체적인 욕구를 깡그리 무시한 것은 아닙니다.

***

[8] 무명 모음집 63. 아르세니우스 11에는 더 짧은 일화가 나옵니다.

그들은 누군가 무언가를 구체적으로 필요로 할 때는 이에 응해야 한다고 말했습니다. 그들은 결코 적극적인 자선활동보다 고독한 은둔 수도사의 삶이 우월하다고 여기지 않았습니다. 다만 그들은 사람들이 자선을 베풀 대상을 찾아 안달할 때 이를 통해 드러나는 것은 이웃 사랑이라는 소명이 아니라 불안에 사로잡힌 '자신'이라고 생각했습니다. 이와 관련해 애니 딜라드는 무언가 시간을 써서 실제로 해야만 하는 일들이 있을 때 우리는 그 일을 곧바로 시작하는 대신 주저하는 경향이 있다고 지적했습니다(그 일이 이미 끝났기를 바라면서 말이지요). 또한 그녀는 말했습니다.

> 멋진 작업장은 반드시 피해야 한다. 그 때문에 어떤 사람은 밖이 전혀 보이지 않는 방을 원하기도 한다. 어둠 속에서 상상력이 기억을 만날 수 있기 때문이다.[9]

이러한 맥락에서 사막의 독방에 머무는 것은 "밖이 전혀 보이지 않는 방"에 머무는 것이라 할 수 있습니다. 독방은 '나'가 '나 자신'을 만날 수 있는 공간입니다. 무언가를 시작하면 이미 그 일이 끝나기를 바라는 마음에 더 괴로워질 때가 있습니다. 내면에서 자신을 정직하게 마주하면 그 일을 제대로 할 리 없다는 생각에 암담한 기분

---

[9] *The Writing Life*, 26.

이 들고 비통함에 잠길 수 있습니다. 사막 수도사들도 이를 너무나 잘 알고 있었습니다.

한 형제가 유혹 앞에서 실패하고 말았다. 실패의 괴로움이 너무 큰 나머지 그는 수행을 그만두었다. 그는 자신의 실패를 만회하고 싶었지만, 비참함 때문에 다시 일어서지 못했다. 그는 혼자서 웅얼거렸다. "언제 유혹이 찾아오기 전의 모습으로, 다시 거룩하게 될 수 있을까?" 하루는 원로를 찾아가 모든 것을 이야기했다. 원로는 형제의 괴로움을 알아채고는 말했다. "한 구획의 토지를 소유한 한 남자가 있었습니다. 그러나 그 땅은 방치되어 잡초와 떨기들이 무성한 폐허가 되고 말았습니다. 그래서 그 남자는 아들에게 말했습니다. '가서 잡초를 뽑아라.' 아들은 아버지 말을 따라 땅으로 갔지만 사방에 펼쳐진 떨기들을 본 후 뽑을 엄두를 내지 못했습니다. 그는 이내 절망했습니다. '내가 이 모든 것을 다 뿌리 뽑으려면, 그리고 새로운 작물을 심으려면 도대체 얼마나 많은 시간이 걸릴까?' 이런 생각을 하며 그는 며칠 동안 잠만 잤습니다. 아버지가 일이 얼마나 진행되었는지 보기 위해 그곳을 찾았으나 일은 전혀 진행되지 않았고 아들은 누워 있을 뿐이었습니다. 아버지가 물었습니다. '왜 아무것도 하지 않았느냐?' 아들이 대답했습니다. '아버지, 이곳에 얼마나 많은 잡초와 떨기들이 이곳저곳에 있는지 모릅니다. 저는 너무 절망한 나머지 아무것도 할 수 없었고 그냥 땅바닥에 누워 버렸습니다.” 아버지가 말했습니다. '아들아, 매일 땅 위의 것들을 조금씩 치워라. 그렇게 하면 조금씩 진척이 있을 것이다.' 아들은 아버지의 말을 따랐습니다. 오랜 시간 뒤 그는 땅 위의 잡초를 모두 제거했습니다. 이 이야기는 당신에게도 적용됩니다. 형제여, 절망하지 말고 매일 조금씩 일하십시오. 그러면 하느님께서 은총으로 당신을 다시 세워주실 것입니다."[10]

꾸물거리다 뒤늦게 정원 손질을 해본 사람이라면 위 이야기가 무엇을 뜻하는지 정확하게 알 것입니다. 물론 우리는 대개 일화 속 아들처럼 삶에 변화가 필요하다고 느낀 바로 그 순간 한 걸음 내딛기보다는 절망감에 그대로 잠들어 버리고 싶은 충동을 느낍니다. 어린이들이 주고받을 법한 수수께끼가 하나 있습니다. 코끼리 한 마리를 다 먹으려면 어떻게 해야 할까요? 답은 뻔하면서도 간단합니다. 조금씩 나누어서 긴 시간에 걸쳐 먹는 것이지요. 사막 수도사들은 이 문제를 너무나 잘 이해하고 있었던 것 같습니다. 그들은 자신이 마주한 문제를 두고 절망감에 포기하고 잠들지 않기 위해 애쓸 때, 문제가 그냥 지나가거나 저절로 해결되거나 새로운 환경이 해결해 줄 것처럼 굴지 않으려 애쓸 때 성장과 치유가 일어난다고 확신했습니다. 이는 이른바 영적 생활, 신앙생활에서 가장 큰 도전이 되는 문제

---

10 무명 모음집 76.

일 것입니다. 그리고 이에 관한 한 자기계발서도 정직한 가르침을 주지 못합니다. 우리에게 진실로 필요한 것은 따분한 일, 지루한 일에서 벗어날 수 있게 해주는 지침이 아니라 불안과 두려움에서 벗어나 따분한 일, 지루한 일과 직면할 수 있게 해주는 지침입니다. 우리는 모든 일을 기쁨과 흥분으로 받아들이는 법이 아니라 눈을 계속 뜰 수 있게 해주는 고요한 동기를 간직하는 법을 익혀야 합니다.

· · ·

한 이름 없는 사막 교부에 관한 유명한 일화가 있습니다. 온갖 유혹에 허덕이는 한 형제에게 이름 없는 원로가 조언했습니다.

독방에 앉아 있으십시오. 벽에게 자신의 몸을 저당 잡힌 것처럼.[11]

결혼식 때 서로에 대한 헌신을 약속하듯 자기 자신, 그리고 자신을 둘러싼 환경과 약속을 맺으라는 것입니다. 사막 수도사들은 환상의 세계 혹은 비현실, 즉 내가 바라는 일은 무슨 일이든 일어나는 마법의 세계보다는 '나'가 어디에 있고 누구인지를 알려주는, 제약과 한계가 있는 실제 현실을 지지해야 한다고 조언합니다. 환상의 세계는

---

11   무명 모음집 73.

'나'가 내 몸, 내 역사(이는 내 가족, 내 일, 나를 둘러싼 환경, 함께 부대낄 수밖에 없는 사람들, 내가 쓴 말들과 엮여 있습니다)와 약속을 맺고 있지 않은 곳, 그 약속을 지지하고 지켜갈 필요가 없는 곳입니다. 환상의 세계에서는 올바른 방식으로 자신을 사랑해야 한다는 명령이 기이하고 낯설게만 들립니다. 때때로 그리스도교 저술가들은 사탄이 하느님에게 반역해 봉기를 일으킨 후 천국에서 내쫓김당했다는 것이 어떠한 의미를 갖는지를 표현하려 노력했습니다. 그들에 따르면 사탄은 비현실, 환상의 세계를 더 선호했습니다. 현실 세계의 모든 영광은 하느님에게서 나오지만, 비현실, 환상의 세계는 그렇지 않아 자신이 도맡을 수 있기 때문입니다. 이러한 이야기는 악의 본질이 무엇인지 생각해 보는데 도움을 주며 몸을 입지 않은, 현실과 결부되지 않는, 즉 구체적인 시간과 공간에서 이루어지지 않는 '선함'이란 없음을 시사합니다.

이러한 생각은 예수에게 나타나 자신을 경배하면 "세상의 모든 나라"를 주겠다는 사탄의 유혹을 이해하는 열쇠일지 모릅니다. 사탄은 실제 현실 세계의 나라들을 소유하지 않았으며 그것들을 마음대로 처분할 수 없습니다. 예수가 사막에서 받은 모든 유혹은 무수한 요소가 복잡하게 엮여 있는 현실 세계에서 활동하는 대신, 어떤 마법에 의존하고픈 욕구와 관련이 있습니다. 물론 예수도 지상에서 활동하는 동안 기적을 일으켰습니다. 그러나 예수가 일으킨 기적들은 하느님을 바라보는 방식을 바꾸기 위해서는 사람들이 자신들의 몸과 마음을 온전히 돌이켜야 한다는, 어려운 과정을 감내해야 한다는 것을 대체하지는 않았습니다. 기적들은 십자가 사건에서 절정에 이르는, 자신의 모든 것을 바친 사랑의 사건을 대체하지 않습니다. 사탄은 상호영향이 없는 마법의 세계에 예수가 들어와 동참하기를 바랐습니다. 그러나 예수는 이를 거부했습니다. 그는 배고픔과 고됨, 지루함을 안고 사막에 남기로, 갈등과 위험이 도사리는 인간 세계에 머물기로 결정했습니다. 예수는 사람들이 자신을 믿게 강제하거나 조종하지 않았고 그렇게 하기를 거부했습니다. 신앙은 인격을 지닌 인간이 인격체로서 결단해야 하며 인격체들이 사는 곳은 마법의 세계가 아니라 바로 현실 세계이기 때문입니다.

이러한 면에서 예수는 다른 누구보다 제약과 한계가 있는 현실 세계라는 "벽"에 기꺼이 "저당 잡힌" "몸"입니다. 그의 몸으로서 교회는 사탄의 어떤 세력에도 패배하지 않고 마지막 날까지 살아있을 것이라고 하느님께서는 약속하셨습니다. 그렇기에 예수의 몸으로서 교회는 모든 한계와 함께, 예수가 자신과 함께 하라며 부르는 연약하고 어리석은 인류와 함께 이 세계에서 활동합니다. 그리스도인이 약해질 때조차, 어리석게 생각하고 움직일 때조차, 게으를 때조차 예수는 교회 안에서, 교회를 통해 활동하기를 멈추지 않습니다. 교회는 마법의 세계가 아닙니다. 교회는 우리가 바라는 대로 되어야 할 곳이 아닙니다. 교회는 온갖 문제가 즉각적으로 해결되고 특별한 계시로 모든 질문에 대한 해답이 곧바로 나오며 모든 갈등이 손쉽게 풀리는 영역에 있지 않습니다.

교회는 인격체들의 공동체입니다. 이것이 교회에 관한 결정적인 정의입니다. 그리고 교회의 특별함 또한 여기서 나옵니다. 이곳은 거룩함을 위해 충분한 시간을 감내합니다. 이곳에서는 산문散文과도 같은 삶, 즉 일상에서 이루어지는 신실함과 따분함, 지루함을 기피하거나 숨기지 않으며 있는 그대로 마주하고 이를 축복으로 받아들입니다. 교회에서 성찬례를 드리는 동안 우리는 눈에 보이는, 일정한 형태를 갖춘 빵을 봅니다. 이는 예수가 이 세계에 저당 잡혀 있음을 뜻합니다. 공동체가 그와 함께, 그를 통해 감사를 표현할 수 있게끔 예수의 몸은 언제나 그곳에 있습니다. 성찬례에 쓸 수 있는 빵과 포도주를 언제나 보관해둘 수 있는 공간을 따로 마련하고 성사를 집전하는 장소에 경의를 표하는 그리스도교 전통은 이러한 생각과 밀접한 관련이 있습니다. 초기 가톨릭 교회의 신앙서적과 지침서들은 '모셔둔 성체'reserved sacrament 안에 있는 그리스도를 '사랑의 수감자' Prisoner of Love라고 부르곤 했습니다. 오늘날 그리스도인들에게는 다소 어색하게 들릴 수도 있고 누군가는 지나치게 감정적인 표현이라 말할 수도 있겠습니다만, 이 표현에는 예수가 자신이 바꾸기 위해 찾은 세상을 향한 충실함에 대한 믿음이 담겨 있습니다. '개신교' 철학자인 키에르케고어Søren Kierkegaard도 언젠가 이런 이야기를 한 적이 있습니다.

> 하느님께서는 종으로 나타나셨다. … 그렇게 전능한 사랑으로 전능한 결단을 내리신 순간, 그분은 자신의 결단에 스스로 속박되셨다. 이제는 (엉성하게 표현한다면) 자신이 원하든 원하지 않든 인간으로서 감당해야 할 일 역시 짊어지시게 된 것이다.[12]

본인 스스로 "엉성"하다고 인정했지만, 이 표현 전반에 흐르는 생각은 확고합니다. 그리고 이를 통해 우리는 예수가 온전히 몸을 입은 인간이라는 고백, 교회라는 신부에게 헌신을 '맹세'한 신랑이라는 고백에 담긴 의미를 다시 생각해볼 수 있습니다.

이와 같은 맥락에서 교회는 근본적으로 저 '맹세'를 모두의 눈에 보이게 드러내는 장소, 기꺼이 현실 세계에 저당 잡힌 삶이 무엇인지를 드러내는 장소입니다. 교회는 이러한 자신의 본질을 알고 있어야 하며 예수 특유의 활동 방식을 나누고 드러내야 합니다. 오늘날 세상에서는 벽에 저당 잡힌 것처럼 '지금 여기'에 머무르기를 맹세한다는 이야기가 매우 괴상하게 들릴 것입니다. 오늘날 세상은 그

---

12 Søren Kierkegaard, *Philosophical Fragments/Johannes Climacus* (Howard and Edna Hong tr and ed. Princeton University Press, 1986), 55.

어느 때보다 빈번한 이동의 시대이기 때문이지요. 사람들은 끊임없이 자신의 직업을 바꾸고, 이곳저곳으로 회사를 옮깁니다. 배우자에게 성적으로 신실해야 한다는 관념, 결혼이 평생에 걸친 헌신을 맹세하는 것이라는 관념은 점점 더 흐릿해져 가고 있습니다. 사람들은 점점 더 시장이 일정한 의도를 가지고 계획하고 만들어낸, 정신없이 출몰하고 사라지는 이미지들에서 즐거움을 찾습니다.

이러한 세상에서 사람들이 점점 더 '몸'을 쾌락과 만족을 얻으려는 의지의 도구, 힘과 성취를 얻기 위한 수단이자 이를 드러내는 장식품으로 여기는 것은 그리 놀라운 일이 아닙니다. 그러나 그러한 와중에도 우리는 때때로 멈추어 서야만 할 때가 있습니다. 질병, 장애는 세상에 관한 저 그림, 우리가 만들어낸 우리의 그림에 들어맞지 않습니다. 이타적인 사랑 또한 그렇습니다. 기후재해 역시 우리가 우리 자신과 우리를 둘러싼 환경을 온전히 도맡을 수 없음을 상기시킵니다. 그러나 억압들, '격정'들은 거대한 힘을 지닌 채 이 자리에 있습니다. 이러한 상황에서 우리에게는 다른 무엇보다도 '저당 잡힌' 몸, 맹세하는 몸이 인간이 성장하는 데 필수적인 개념인지 우리 자신에게, 그리고 서로에게 상기시킬 수 있는 규율과 훈련이 필요합니다.

교회는 충실함, 신의를 기립니다. 특히 교회는 맹세를 지키는 삶, 몸이 저당 잡히는 삶의 가장 분명한 징표라 할 수 있는 결혼을 축복합니다. 또한 교회는 수도사로서의 삶을 서약하는 행동 역시 약속과 충실함, 신의의 징표로 기리고 축복합니다. 또한 교회는 규칙적으로 예배합니다. 날마다 기도하고, 일정한 간격으로 끊임없이 성찬례를 드리며, 자신을 힘들고 지루하게 만드는 사람들을 만나고, 또만납니다. 이러한 일들을 통해 성장이 이루어지기 때문입니다. 또한교회는 우리가 같은 책을 읽고 또 읽어야 한다고, 같은 신조, 신경을반복해서 고백해야 한다고 주장합니다. 우리를 조종하거나 통제하기 위해서가 아닙니다. 우리가 그리스도인이 되기로 결단했다는 것은 평생토록 하느님께서 주신 말들과 이미지들의 흐름, 믿을 수 없을 정도로 경이로운 이야기를 듣고 되새기겠다고, 이를 통해 희망을 품고 이를 통해 기도하겠다고 약속하는 것임을 분명히 하기 위함입니다. 그리고 이를 구체적으로 실현해 나갈 때 교회는 많은 것을 잃은 빈곤한 공동체, 기력을 잃은 공동체에서 충실함의 징표, 맹세하는 몸, 저당 잡힌 몸의 징표를 드러내는 공동체가 될 수 있습니다. 교회가 종교, 도덕, 문화로서 너무 많은 것을 보여 줄 필요는 없습니다. 그런 식으로 사람들의 흥미를 일으키지 않아도 교회는 신의의 상징이 될 수 있습니다. 마법이 힘을 쓸래야 쓸 수 없는 현실 세계 곳곳에서, 도심과 감옥, 오지의 마을에서 교회는 여전히 저당 잡힌 몸의 징표로, 맹세하는 몸의 징표로 남아 있습니다. 이러한 곳에서 사목하는 이들과 신자들, 그리고 건물들은 그 자체로 하느님께서 당신이 창조하신 세상과 피조물을 지루해하지 않으심을, 환상을 품지도, 환멸을 느끼지도 않으심을 이야기합니다. 그렇게 그들은 모든 이에게 우리가 어떠한 상황에서도 인격체가 될 수 있는 가능성을 지니고 있음을 보여줍니다.

자신의 기본 과제에 충실한 교회는 사람들에게 기꺼이 자기 자신이 되려는 의향, 현재 자신은 온전한 자기 자신이 되지 못했으며 이에 대한 깨달음을 바탕으로 현재 자신을 바꾸어 가려는 결단이야말로 하느님과의 만남에서 가장 근본적인 일이라고 말합니다. 사람들은 종교에 입문해 신앙을 갖게 되는 것을 깊은 차원에서 안주하지 않는 것, 일상과 물질에 대해 만족하지 않는 것을 뜻한다고 상상하기 쉽습니다. 그래서 종교란 산문이 아니라 시여야 한다고 말하기도 하지요. 이 말이 완전히 틀린 이야기는 아닙니다. 그러나 이 시는 근본적으로 일상에서 겪는 일들, 모든 이가 나누는 말들에서 길어 올려져야 합니다. 실제로 모든 위대한 종교 전통들은 거룩함을 향한 여정 중에는, 즉 온전한 자신을 향한 길, 그 자신을 향해 현재 자신을 바꾸어 나가는 길을 걷는 중에는 지극히 평범한 일상을 새롭게 마주하게 되는 순간이 반드시 있다고 이야기합니다. 그리고 그리스도교는 구체적인 공간과 물질에 가치를 두어야 할 만한 특별한 신학적 이유를 갖고 있습니다. 그리스도교의 고백에 따르면 하느님께서는 인간의 구체적인 삶 안에서, 구체적인 삶을 통해 일상적인 연약함을 그대로 지닌 언어를 가지고 말씀하시고 활동하십니다. 그리스도인으로서 우리는 예수 그리스도께서 그분 안에 있는 일부 요소들만 신적이라고 고백하지 않습니다. 우리는 그분의 (인간으로서의) 실존이 모두 온전히, 영혼과 몸 모두가, 삶 전체가 신성하다고 고백합니다(그래서 초대교회는 예수의 신성을 그의 마음이나 정신과 동일시하지 않고 그를 이루는 모든 것에 스며들어 있다고 본 것입니다).

그리스도교는 내 있는 그대로의 몸, 상처 입을 수 있고, 여러 제약 가운데 살아야 하는 몸에 신실하도록 우리를 북돋습니다. 그리스도교는 물질로 이루어진 현실, 도처에서 사고가 일어날 수 있는 현실을 사는 동안 피할 수 없는 좌절을 분노하지 않고 받아들일 수 있는 용기를 줍니다. 이러한 의미에서 벽에 몸을 저당 잡히는 삶, 맹세하는 삶은 내가 어디에 있으며 내가 누구냐는 질문에 대한 답을 추구하는 여정으로의 발을 내딛는 가장 근본적인 결단이라 할 수 있습니다. 이 결단은 우리에게 새로운 인식의 문을 열어젖힙니다. 이와 관련해 암마 신클레티카가 남긴 금언이 있습니다.

그 산에는 많은 사람이 살고 있지만 그들은 도시에 있는 것처럼 행동합니다. 그들은 시간을 낭비하고 있는 것입니다. 당신은 군중 한가운데 살고 있어도 마음으로는 은둔 수도사일 수 있고, 은둔 수도사처럼

살고 있더라도 생각들이 여전히 군중 속에 머물 수도 있습니다.[13]

겉으로는 은둔 수도사처럼 살더라도 망상과 열망이 뒤섞인 복잡한 마음에서 내내 허우적거리며 불필요한 사변만을 이어간다면 그 몸은 고독을 맹세한 삶이라고 할 수 없습니다. 반대로 하느님께서 내가 머무르는 몸, 바로 지금 여기서 나를 만나주신다는 사실을 온전히 받아들이면 나의 몸 자체가 고요한 공간이 될 수 있습니다. 사막 수도사들이 보여주었듯 고독한 삶은 말을 삼가는 것으로, 정죄와 판단을 멈추는 것으로, 이웃에 대하여 죽는 것으로 드러납니다. 이렇게 은총은 구체적으로, 시간과 공간을 통해 우리에게 돌아옵니다. 이웃은 추상적인 존재가 아닙니다(우리가 누군가에게 쓸모 있는 사람이 되기를 바라는 욕망을 충족시키기 위해 이곳저곳을 돌아다니며 찾아낸 이웃은 참된 이웃이 아닙니다). 이웃은 우리 주변에 실제로 있는, 물질로 구성된 인간입니다. 마찬가지로 추상적으로 존재하는 개인의 영혼이란 없습니다. 고유한 몸, 고유한 기억, 고유한 선물, 고유한 약함을 지니고 고유한 말을 하는, 물질로 이루어진 인간만이 존재할 뿐입니다. 복음서에서 한 율법 교사는 예수에게 누가 나의 이웃이냐고 질문하고 예수는 선한 사마리아인의 비유를 들어 대답합니다. 율법 교사의 질문은 어느 정도는 적절하고, 또 필요한 질문이었습니다. 이

---

13 신클레티카 19.

웃을 사랑하라는 명령은 결코 추상적이지 않기 때문입니다(물론 안타깝게도 그는 그러한 질문을 던진 다음 실제 이웃을 사랑하지 못했습니다. 우리처럼 말이지요).

영혼을 구할 수 있는 것은 몸뿐입니다. 어떤 분들에게는 이 말이 다소 충격적으로 들릴지도 모르겠습니다. 그러나 (이것이 정확히 무엇을 뜻하든) 영혼 그 자체, 내면의 삶은 스스로는 변화할 수 없습니다. 영혼이 변화하기 위해서는 몸, 외부의 삶을 통해 선물을 받아야 합니다. 역사 속에서 활동하셨던 하느님의 실제 사건들을 귀로 들어야 합니다. 빵과 포도주를 나누어 먹고 마시는 자리에서 신자들을 만나야 합니다. 교회 안팎에서 정말 경이롭고 탁월한 인간, 정말 동의할 수 없는 인간, 가망 없어 보이는 인간, 예측할 수 없는 인간을 날마다 만나야 합니다. 이러한 조건을 통해서만 우리는 우리 한 사람 한 사람에게 주어진 독특한 길을 따라 거룩해질 수 있습니다.

신성함은 흉내 낼 수 없습니다. 물론 우리 주위에는 거룩한 사람이 된다면서 우리 모두가 동의하는 거룩한 사람들의 별난 부분을 따라 하는 이들이 있습니다. 하지만 신성을 흉내 낸다는 것이 이러한 싸구려 모방만을 의미하는 것은 아닙니다. 무엇보다 신성함을 흉내 낼 수 없다는 말은 다른 사람의 여정을 그대로 좇는다고 해서 거룩해질 수는 없음을 뜻합니다. 사막의 초보 수도사처럼 저 또한 저보다 더 오래 신앙의 여정을 걸었던 선생들을 만나 그리스도인이 되면 어떠한 삶을 빚어내는지, 어떠한 리듬을 갖게 되는지를 배웠습니다. 하지만 이후 저는 제 자신의 길을 걸어야 했습니다. 이전에는 살아 보지 못한 삶을 빚어가야 했습니다. 마지막 심판의 날 제가 마주하게 될 질문은 왜 다른 사람처럼 되지 못했냐는 질문이 아닐 것입니다. 하느님께서는 저에게 왜 마틴 루터 킹Martin Luther King이 아니었냐고, 왜 마더 테레사Mother Teresa가 아니었냐고 묻지는 않으실 것입니다. 그분은 저에게 왜 로완 윌리엄스가 아니었냐고 물으실 것입니다. 삶의 여정은 계속되면 계속될수록 언제나 더 독특하면 더 독특해지지 덜해지지는 않습니다. 다시 한번, 이 모든 것은 개인이 아닌 인격체로의 부름과 관련이 있습니다.

사막은 어떤 특별한 형태가 없어 보입니다. 이집트의 모래사막은 특히 그렇습니다. 모래는 계속 이동하고 이를 따라 풍광도 수시로 바뀝니다. 사막에 특별한 장소라 부를 만한 곳은 없어 보입니다. 그럼에도 사막 수도사들은 그 무엇보다도 독특한 인격체, 즉 자기 자신이 되고자 사막으로 나아갔습니다. 이집트의 사막은 오늘날 우리에게 익숙한 비장소non-place들(지역으로서 정체성을 상실하고 아무런 특징도 없으며 전혀 놀라움을 주지 않는 곳들)에 견줄 수 있습니다. 이를테면 공항 라운지, 패스트 푸드 식당과 같은, 반복되는 경험들을 추구하는 개인들을 위해 고안된 장소들 말이지요.

4세기 알렉산드리아에서 사막 수도사들은 관조의 삶을 살도록 부름 받은 인격체로서, 갱신과 진실성을 추구하는 교회로서 신실한 인격체가 되기 위해 비장소들로 나아갔습니다. 이들처럼 우리는 우리 눈앞에 있는 환경을 이루는 부분 부분을 식별해야 합니다. 이 환경은 우리 자신, 그리고 우리 자신의 몸과 맺은 언약을 회복할 수 있는 장소로서 역할을 하기 때문입니다. 애니 딜라드의 조언대로 우리는 우리의 기억과 상상이 손을 맞잡을 수 있게 할 정도로 충분히 어두운 곳을 찾아야 합니다. 과도한 금욕을 요구해 오히려 주의를 기울이지 못하게 만드는 곳은 안 됩니다. 자리를 이곳에서 저곳으로, 다시 저곳에서 이곳으로 번잡하게 오갈 만큼 익숙하고 편안한 곳이어서도 안 됩니다. 우리에게 필요한 장소는 일정한 시간 충분한 주의를 기울일 수 있는 곳, 그리하여 하느님 앞에서 내 자신과 친구가 될 수 있는 곳입니다. 피정, 오랜 기간의 헌신뿐만 아니라 우리가 매일 드리는 기도 또한 이러한 곳에서 이루어져야 합니다. 암마 신클레티카가 말했듯 우리는 어느 곳에서든 고독한 삶을 살 수 있습니다. 그러나 배움의 기간 동안에는 긴 시간 깊은 숙고를 통해 고안된 지침들을 따를 필요가 있습니다.

이제 다시 출발점으로 돌아갈 시간입니다. 우리의 생명과 죽음은 이웃과 더불어 있습니다. '지금 여기'라는 상황과 맥락 속에서 우리는 이웃과 함께 살고 있습니다. 우리가 고유한 몸과 인격을 지닌 것만큼이나 우리 곁에는 고유한 이웃이 있습니다. 우리는 우리 자신,

우리 이웃을 포함해 모든 것을 진실하게 마주해야만 합니다. 거룩함을 향한 길은 바로 지금 여기서 시작됩니다. 내일 시작되지 않습니다. 저 멀리에 있지 않습니다. 내가 전혀 모르는 누군가와 함께 할 수 없습니다. 이 교회가 아닌 저 멀리 있는 어떤 교회와 시작되지 않습니다. 이러한 면에서 '나'와 같은 사람들로 가득 찬, '나'가 그리는 이상적인 그리스도교 공동체를 찾아 나서는 일은 다른 무엇보다 내 자신에게 해로울 수 있습니다. 우리는 지금 여기서 어떻게 '나'의 몸을 여기에 있는 교회, 실제 내가 속해 있는 공동체에 저당 잡힐 수 있을지 우리 자신에게 물어야 합니다. 물론 지금 여기에 있는 교회는 위기를 맞을 수 있으며 때로는 비극적인 분열이 일어날 수도 있습니다. 어떤 순간 하느님께서 우리를 새로운 환경으로 인도하실 수도 있습니다. 그러나 오늘날 우리가 겪는 어려움들은 근본적으로 진실성보다는 '나'와 별반 다르지 않은, 그렇기에 나에게 만족을 주지 않는 다른 그리스도인들과 함께 살아가는 데 일어나는 피곤함, 따분함, 짜증과 더 밀접한 연관이 있습니다.

한 교회가 만족스럽지 않다고 해서 새로운 결정을 하고 빨리 다른 교회로 옮기면 옮기는 것 자체가 습관으로 자리 잡기 쉽습니다. 목이 마르다고 소금물을 들이키면 더 심하게 갈증이 찾아오듯 말이지요. 불편한 현실에 머물러 책임을 져야 하는 도전은 지금이 아니라도 언젠가 반드시 우리를 찾아옵니다. 그때마다 우리는 우리 자신을 변화시켜야 한다는 어려운 길을 피하고픈 유혹에 시달릴 것입니다. 더 간단하고 쉬워 보이는 (그래서 우리 내면을 안달복달하게 만드는) 해결책이 끊임없이 우리에게 제시될 것입니다. 우리는 이러한 도전들에도 응해야 합니다.

교회력에서는 대림, 성탄, 사순, 부활 절기를 제외한, 특별한 그리스도의 신비를 기념하지 않는 날들을 '연중 시기'Ordinary Time라고 부릅니다. 이는 연중 대다수 시간이 지극히 평범하고 일상적임을 말해줍니다. 그러나 이 시간 역시 예수 그리스도께서 우리를 위해 마련해 놓으신 시간입니다. 이 모든 시간은 그분께서 우리에게 주신 선물이며 그러한 의미에서 비범한 시간입니다. 연중 시기는 단순히 평범한 시간에 그치지 않습니다. 이 기간 동안 우리는 예수를 통해 이루어지는 하느님의 활동으로, 그 드라마로, 이야기로 나아갑니다. 교회력을 따르는 삶의 핵심은 그 시간의 비범함을 기억하는 데 있습니다. 이 시간의 비범함은 매일 이어지는 평범한 시간 속에서, 평범한 시간을 통해 드러납니다. 어떠한 상황과 마주하든 우리는 이 시간 동안 끊임없이 하느님의 부름을 따라 움직이고 성장할 수 있습니다. 지금 여기서 우리는 평범하기 그지없는 하루하루를, 일상을 살아갑니다. 이곳에서 그다지 매력적이지도, 성스럽지도 않은 우리는 그다지 매력적이지도, 성스럽지도 않은 이들과 함께 시간을, 지극히 평범한, 산문과도 같은 삶을 살아갑니다. 그러한 일상 가운데 우리는 상상할 수 없을 정도로 위대하고 거대한 무언가(하느님 나라, 성도의 영광, 화해와 경이)를 일구는 존재로서 서로를 대하기로 결단합니다. 그리고 기도드리는 가운데, 관계를 이어가는 가운데, 이 모두에 주의를 기울이며 우리는 우리가 내린 결단들을 구현해 나갑니다. 그리하여 차츰 우리는 서로 함께 우리 자신이 누구인지 알게 됩니다. 하느님께서 잃어버린 우리를 찾으셨음을 알게 됩니다.

> 수도사의 독방은 세 젊은이가 하느님의 아들을 발견한 바빌론의 용광로 같았다. 하느님께서 모세에게 말씀하시던 구름 기둥 같았다.[14]

바로 여기에 사막의 독방에 머무르는 이유, 몸을 저당 잡힌 것처럼, 몸으로 맹세하며 독방에 머무르는 이유가 있습니다. 우리가 머무는 사막에, 우리가 우리로서 있는 사막에 하느님의 아들이 걷고 있는 용광로가 있습니다. 관조적인 신실함contemplative faithfulness이라는 말이 무엇을 뜻하는지를 깨닫게 될 때 우리는 우리가 바로 저 용광로 속에 있음을 깨닫게 될 것입니다. 사막에서, 예상치 못하게 막다른 곳에 이르렀을 때, 예상치 못한 사람을 통해, 예상치 못한 계기로 우리는 엿보게 될 것입니다. 불이 타오르고 있음을, 사막 전체가 불길에 휩싸여 있음을.

---

14 무명 모음집 74.

질의응답

• 2001년 존 메인 세미나에서 나온 질문들과 이에 관한 로완 윌리엄스의 답변이다.

1. 사막 교모들에 관해 좀 더 알 수 있을까요?

분량은 많지 않지만 적잖은 사막 교모들의 이름이 금언 및 일화들과 더불어 오늘날까지 전해지고 있습니다. 이를테면 제가 앞서 인용한 암마 신클레티카가 그 대표적인 경우지요. 아마도 여성들은 별도로 공동체를 일구었으며 금언집을 살펴보았을 때 남성 공동체에서 통용되던 지침을 따른 것 같지는 않아 보입니다. 이는 역사적 관점에서 어떤 면에서는 좋은 일이라 할 수도 있고 어떤 면에서는 안타까운 일이라 할 수도 있습니다. (별도의 여성 이야기 전통이 있을 수 있기에) 오늘날 남아 있는 남성 집단의 이야기 전통에서 여성은 거의 등장하지 않기 때문입니다. 그럼에도 불구하고 신클레티카를 포함해 몇몇 여성들은 남성 전통에서도 진지하게 다룹니다.

4세기 초, 소아시아에서 가르침을 전했던 올림포스의 메토디우스Methodius of Olympus는 여성 공동체를 배경으로 중요한 대화집을 썼습니다. 이 대화집을 보면 당시 여성 수도사들이 성경을 가르치는 일, 기도, 금욕 수행 등을 했음을 알 수 있습니다. 성경의 이야기들을 가르치는 일과 기도와 금욕의 삶이 여성들에게 주어진 역할임을 알 수 있습니다. 물론 저자 메토디우스는 남성이었지만 이 책을 통해 우리는 당시 여성 수도사들도 남성 수도사들과 크게 다르지 않은 수도 생활을 했음을 알 수 있습니다. 4세기 후반 활동했던 대표적인 그리스도교 여성 수도사로는 성녀 마크리나St Macrina를 들 수 있습니다. 그녀는 위대한 카파도키아 교부들인 바실리우스Basil와 닛사의 그레고리우스Gregory of Nyssa의 누이였습니다. 닛사의 그레고리우스의 경우 마크리나의 삶에 관한 글(『거룩한 마크리나의 생애』Life of St Macrina)과 『영혼과 부활에 관하여』On the Soul and the Resurrection라는 (그녀와의) 대화집을 남겼습니다. 『영혼과 부활에 관하여』에서 그는 죽음을 앞둔 마크리나를 찾아가 내면의 삶, 생명, 갈망에 관해 매우 정교하고 수준 높은 대화를 나눕니다. 특히 여기서 그레고리우스가 마크리나를

"선생님"이라고 부른다는 사실은 주목할 만한 가치가 있습니다. 비록 수도 생활을 선택한 여성을 일종의 명예로운 남성으로 여기는 관습에서 완전히 벗어나지는 못했지만 4세기 사막이 전적으로 남성만의 세계였다고 하기는 어렵습니다.

2. 인격과 개인의 차이에 대해 좀 더 설명해주실 수 있는지요?

먼저 앞에서도 밝혔듯 인격과 개인의 차이에 관한 제 이야기는 러시아 신학자 블라디미르 로스키가 진행한 연구에 바탕을 두고 있습니다. 물론 이러한 연구를 한 사람이 로스키뿐만은 아니며 많은 학자가 이와 유사한 생각을 하고 연구를 한 바 있습니다. 그러나 그는 하느님과 그리스도의 교리를 진지하게 숙고하는 가운데 인격과 개인, 인격체와 개인으로서의 인간의 차이에 대해 가장 명확한 기술을 남겼습니다. 그에게 '인격'이란 우리가 온전히 정의할 수 없는 신비롭고 고유한 인간의 특성입니다. '나'를 '나 자신'으로 만들어주는 무언가에 대해 우리가 쓰는 말들로는 온전히 묘사할 수 없습니다. '인격'이란 한 사람이 지닌 (대체할 수 없는) 특이성singularity, 한 사람 안에 있는, 다른 누구도, 그 무엇도 점령할 수 없는 공간입니다. 우리는 관계를 통해서만 이를 볼 수 있습니다. '나'의 인격, 즉 '나'를 실제나, 고유하고, 신비롭고, 다른 이들과 구별되는 나로 있게 하는 영역은 관계를 통해 '너'라는 인격, 누군가를 다른 이들과는 다른 고유하고, 신비로운 '너'로 있게 하는 영역과 상호작용을 주고받습니다. 이 만남의 과정에서 '나'와 '너'는 서로를 더 고유하고 신비로우며 다른 누구와도 구별되는 존재로 빚어냅니다.

교회가 인격체들의 공동체라는 점은 로스키에게 매우 중요했습니다. 그는 사람들이 교회와 관련해 두 가지 오류에 손쉽게 빠진다고 지적했습니다. 하나는 교회를 개인들의 공동체로 보는 것입니다. 여기서 교회는 함께 살기 위해 서로 타협하고 갈등을 무마할 수 있는 협약을 맺는 공동체입니다. 이러한 공동체에서 구성원들은 말합니다. "우리가 얼마나 많은 공통점을 갖고 있는지는 잘 모르겠어요. 하지만 차이점들을 조정하면 어떻게든 잘 되겠죠." 로스키가 보기에 개신교는 교회를 이렇게 합의와 조정을 통해 문제를 극복하는 집단으로 격하시킬 위험이 컸습니다. 반대로 교회를 하나의 덩어리로 간주하여 구성원들의 다양성, 각 구성원의 독특성을 충분히 고려하고 존중하지 않는 집단으로 오해할 소지도 큽니다. 로스키가 보기에 로마 가톨릭은 이러한 오류에 손쉽게 빠집니다. 이런 그가 정교회를 양극단 사이에서 균형을 잘 맞추고 있다고 본 것은 그리 놀라운 일이 아니지요(저는 이러한 생각을 완전히 지지하지는 않습니다).

개인과 인격의 근본적인 차이를 말하자면, 개인은 언제나 한 유형의 본보기, 일반론의 한 가지 사례에 불과하다는 것입니다. 제가 어떤 물건, 구체적으로 유리잔을 들고 있다고 해봅시다. 이는 한 유형에 관한 개별적인 사례라 말할 수 있습니다. 세상에는 무수히 다양한 유리잔들이 있지만, 그것들은 모두 '유리잔'이라는 한 가지 주제, 자연의 특정한 성격을 드러내는 한 가지 사례에 불과합니다. 유리잔들은 모두 다르지만, 언제나 그 안에 유리잔이 지닌 공통적인 속성을 지니고 있습니다. 로스키는 인격을 지닌 몸으로서 인간, 인격체는 이러한 한 유형의 본보기를 넘어선다고 주장했습니다. 그리스도 안에서, 그리스도를 통해 인격체로서의 사람은 거룩해집니다. 이때 한 사람은 '인간'이라는 종의 한 가지 본보기, 한 가지 특정 사례가 아닙니다. 인격체로서 그 혹은 그녀는 다른 누구와도 견줄 수 없을 만큼 고유합니다. 그들의 의미는 그들보다 덜 특별하거나 혹은 더 독특한 무언가로부터 주어지는 것이 아닙니다. 인격체로서 한 사람 한 사람의 의미는 궁극적으로 그, 혹은 그녀와 예수 그리스도라는 인격체, 혹은 위격과 맺은 관계에서 나옵니다. 그 관계가 유일회적이기에 그들은 고유하고, 특별하고, 대체 불가합니다.

'개인'으로서 인간은 반복됩니다. 그렇기에 개인은 다른 개인으로 대체될 수 있습니다. 그러나 한 인격체는 다른 인격체로 대체될 수 없습니다. 「클레멘타인」Clementine이라는 민요를 모두 한 번쯤은 들어보셨을 겁니다. 그런데 이 민요 마지막 가사를 알고 계시나요?

그리워라, 그리워라. 그리워라 내 클레멘타인.

이제 난 너의 여동생에게 입을 맞추고

그렇게 난 내 클레멘타인을 잊었다네.

인격체와 인격체가 맺는 관계에서 이러한 일은 결코 일어날 수 없습니다. 그 어떤 이, 설사 "그녀의 여동생"이라 할지라도 클레멘타인을 대체할 수는 없습니다. 유리잔이 바닥에 떨어져 깨지면 같은 역할을 할 만한 다른 유리잔을 찾아 쓰면 됩니다. 그러나 한 사람과의 관계가 깨지면 이를 대신할 수 있는 다른 관계란 없습니다. 모든 인격체는 하느님을 드러내는 자신만의 방식이 있습니다. 그리고 이를 할 수 있는 것은 오직 그 인격체 한 사람뿐입니다. 그러므로 고유한 그리스도인 한 사람의 역사, 이 세계에서 이루어지는 그/그녀의 독특한 반응, 창조적인 참여는 서로 얽히며 하느님의 생명, 하느님께서 펼쳐내시는 삶을 반영합니다. 저는 견진예식 때 주교로서 견진후보자들을 위해 성령의 은사를 구하는 부분("여기에 나온 주님의 종들에게 세례 때 주신 은총을 굳세게 하시며, 이제 성령의 은사를 더하시어 복음을 전하고 봉사의 직무를 잘 감당하게 하소서")을 매우 좋아합니다. 그렇게 간구할 때 저는 참으로 기쁩니다. 그 간구는 견진을 받는 이들이 이제는 자신이 속한 공동체에서 무언가를 할 수 있으며 이는 다른 누구도 할 수 없는 그들 고유의 일이고 그들에게 교회가 필요하듯 교회

역시 그들을 필요로 한다는 의미를 내포하고 있기 때문입니다.

3. **하느님의 사랑이 자리 잡고 뿌리 내리는 곳이 마음이라면, 마음 가는 데로 사는 것이 왜 위험합니까?**

표면적으로는 혼란스러울 수 있으나 그 이면에는 어떤 논리가 있습니다. 압바 이시도루스의 말을 상기해봅시다.

> 온갖 악한 제안 중에서도 가장 끔찍한 것은 하느님의 법이 아니라 자기 자신의 마음, 곧 자기 자신의 생각을 따르라는 제안입니다. 이렇게 하는 사람은 나중에 고통을 받게 됩니다. 하느님의 신비를 알지 못하고, 거룩한 사람들의 길을 발견하여 그 안에서 행동하지 못하기 때문입니다.

여기서 그가 경고하는 것은 우리 자신의 "생각"을 따르게끔 마음이 움직이는 것입니다. 여기서 생각을 얼마나 많이 했느냐, 얼마나 진지하게 했느냐는 중요하지 않습니다. "얼마나 많이 생각한 문제인데 내가 잘못할 수 있겠어?"라고 이야기하는 것은 그리스도인으로서 할 이야기는 아닙니다.

물론 우리는 마음 깊은 곳, 하느님께서 창조하실 때 하신 말씀이 울려 퍼지고 있는 곳까지 갈 수 있습니다. 모든 피조물은 하느님의 말씀을 반영하고 있기 때문입니다. 그러나 이는 우리가 우리 마음의 핵심에 다다랐을 때 그곳에서 어떤 십계명을 발견하게 될 것이라는 뜻이 아닙니다. 우리가 하느님의 말씀을 반영하는 존재라는 말은 우리 마음 깊은 곳에 하느님을 향한 깊은 갈망이 자리 잡고 있다는 뜻입니다. 우리 인간은 그 본성상 하느님을 향하게 되어 있습니다. 이를 온 마음과 몸으로 깨달았다면 하느님을 향해, 은총에 기대어 성장하는 것, 우리 존재 전체, 삶 전체를 통해 그분의 말씀이 울려 퍼질 수 있도록 그분의 말씀에 우리 자신을 조율하는 것이 우리의 과제라는 것 또한 알 수 있습니다.

그러나 우리는 자주, 심하게 벗어나고 엇나갑니다. 우리는 온갖 충동에 휘말려, 끊임없이 하느님의 선율과 조화를 이루는 데 실패합니다. 그 결과 우리는 곡조에서 벗어난 선율, 우리 마음 깊은 곳에 자리한 하느님의 말씀을 덮고 '자기'를 보호하려는 소리, '자기'를 내세우는 소리만 울려 퍼지게 만듭니다. 마음 가는 데로 하는 것, 자기 마음을 따르는 것은 이렇듯 '자기'를 내세우는 소리만 더 커지게 하는, 더 깊은 이기심을 드러내는 행동일 수 있습니다. 우리 마음이 자신의 생각대로 움직이고 있음을 드러내는 것뿐일 수도 있습니다. 이때 우리가 우선 해야 할 일은 멈추는 것입니다. 마음속에 숨겨져 있는 참된 선율을 듣기 위해서는 먼저 이 문제를 해결해야 합니다.

4. 하느님의 뜻을 어떻게 분별할 수 있을까요?

언젠가 위대한 성공회 수도사이자 신학자인 허버트 켈리Herbert Kelly*도 이와 비슷한 질문을 받은 적이 있습니다. 누군가 그에게 물었습니다. "무엇이 하느님의 뜻인지 어떻게 알 수 있습니까?" 그는 답했습니다. "알 수 없습니다. 그게 다예요."

켈리 말이 맞습니다. 특정한 상황, 복잡하기 그지없는 상황 속에서 특정한 길이 절대적으로, 반박의 여지 없이 하느님의 뜻이라고 우리는 말할 수 없습니다. 저 역시 어떤 심각한 일이 교구에서 일어났을 때 무엇을 어떻게 해야 할지 전혀 감이 오지 않아 저녁 기도를 드리며 "단 한 번만 제가 무엇을 해야 할지 말씀해 주시면 안 될까요?"라고 간구했던 적이 있습니다. 그러나 하느님께서는 제게 이런 일을 이렇게 하라, 저렇게 하라고 말씀해 주시지 않았습니다. 실제로 일은 그렇게 이루어지지 않습니다. 우리는 그렇게 되기를 바라지만 말이지요.

그렇다면 하느님의 뜻은 어떻게 분별해야 할까요? 문제와 맞닥뜨렸을 때 우리는 여러 행동의 길들 중에서 선택해야 합니다. 어떠한

---

* 허버트 켈리(1860~1950)는 영국 성공회 사제이자 신학자다. 교회 일치 운동에 깊은 관심을 갖고 학생 그리스도교 운동Student Christian Movement, SCM에 참여하며 한국과 아프리카 선교사들을 훈련시켰으며 1893년에는 영국 런던에서 거룩한 선교 수도회Society of The Sacred Mission, SSM를 설립했다. 1913년과 1919년 사이에는 일본 성공회 초청으로 도쿄 중앙신학대학원의 교수로 활동하기도 했다.

길이 그리스도께서 걸어가셨던 길일까요? 어떠한 길이 그리스도께서 걸어가실 법한 길일까요? 어떠한 길이 하느님께서 우리를 통해 활동하실 가능성을 더 열어젖힐 수 있을까요? 이는 즉각적으로 답을 얻을 수 있는 질문들이 아닙니다. 이 질문들은 모두 성찰과 묵상으로 우리를 인도합니다. 어떠한 길이 조금이라도 하느님의 말씀에 더 조율된 길일까요? 어떻게 하면 하느님께서 이루어 가시는 치유, 화해, 창조, 용서의 활동이 이어지도록 우리의 마음을 좀 더 온전히 열 수 있을까요? 이러한 질문을 내놓게 하는 모든 상황에 적용할 만한, 명확하고 설득력 있는 단 하나의 정답은 없습니다. 그러나 우리는 이렇게 질문하는 가운데, 심사숙고하고 분별하는 과정 가운데 그리스도의 삶과 생명이 퍼지도록, 하느님께서 창조하시는 활동이 가능해지도록 우리 안에 공간을 만들게 됩니다. 진실한 마음으로 공간을 만드는 과정은 그 자체로 이미 하느님과 더 잘 조화를 이루는 길입니다. 물론 이러한 과정을 거친다 해도 실수가 있을 수도 있고 그 결과가 좋지 않을 수 있습니다. 그러나 이 사이에 하느님을 향한 문을 충분히 열어두었다는 점이 중요합니다. 하느님께서는 이 열린 문을 통해 우리의 결정이 일으킬 수 있는 혼란으로부터 우리를 구하실 것이며 당신의 뜻을 행할 수 있도록 우리를 인도하실 것입니다.

5. 형제를 얻는 것과 하느님을 얻는 것이 어떻게 연결되는지 다시 한번 알려주시 겠습니까?

안토니우스의 관점에서 형제자매를 얻는다는 것은 그들이 어떤 계약서에 서명한 다음 우리 편에 선다는 뜻이 아닙니다. 형제자매 를 얻는다는 것은 하느님께서 그들을 치유하실 수 있도록 (그들이 닫 아 놓은, 혹은 우리가 가로막은) 문을 여는 것을 뜻합니다. 이 문들을 열 었을 때 우리는 하느님을 얻습니다. 그때 우리는 하느님께서 다른 누군가를 위해 활동하시는, 하느님이 움직이시는 장소가 되기 때문 입니다. 우리를 통해 하느님께서는 다른 이에게 새로운 삶의 방식을 가르쳐주시고 새롭게 거듭나도록 생명을 주십니다. 이는 우리가 선 하고 훌륭해서가 아니라 우리가 진정 선하고 경이로운 하느님께서 우리를 통해 활동하신다는 진리를 받아들였기 때문입니다(우리는 어 떻게 이러한 일이 일어나는지 전혀 알지 못할 수도 있습니다). 우리가 편견, 두려움, 이기심을 털어내고 하느님께서 우리 안에서 활동하실 수 있 는 공간을 만들 때 우리는 하느님과 더 친밀해지게 됩니다. 그러한 과정에서 하느님께서는 우리 모두를 치유하십니다. 이렇게 형제자 매를 얻을 때 우리는 하느님을 얻습니다.

6. 존 메인 신부와 사막의 교부들을 어떻게 연결해볼 수 있을까요?

존 메인 신부가 우리에게 가르쳐준 중요한 내용, 그리고 그가 소개한 전통에서 우리가 배울 수 있는 중요한 지점은 기도할 때 특정 수준의 안정감을 유지해야 한다는 것입니다. 어느 정도 안정감이 있을 때 우리는 보다 충실히 기도에 임할 수 있습니다. 이러한 맥락에서 존 메인이 독방이든 어디든 한곳에 머무를 수 있는 용기를 강조했다는 것은 그리 놀라운 일이 아닙니다. 그가 짧은 기도문을 반복해서 되뇌는 훈련을 강조한 것은 사막의 선생들이 한곳에 머무르기를 강조한 것과 크게 다르지 않습니다. 이는 자기집착, 자신의 삶을 극화하려는 충동 등 자신에 관한 모든 것을 도맡으려 하는 움직임을 멈추는 것과 관련이 있습니다.

실제로 묵상에 관한 존 메인의 통찰은 사막 전통에서 길어 올린 것입니다. 그에게 가장 커다란 영향을 미친 요한 카시아누스는 5세기에 활발히 활동한 수도사로 위대한 사막의 스승들과 대화를 나누며(동료들과 함께 이집트의 수도 중심지들을 방문하고 사막 교부 한 사람 한 사람을 차례로 방문해 질문을 던지고 그 대답을 기록했습니다) 이를 통해 깨달은 사막의 지혜를 요약해(질문과 답변을 일종의 담화discourse 형태로 다듬었습니다) 책을 저술했습니다. 이 담화집에는 기도하는 방법 중에 특정 문구를 반복해 정신을 고요하게 만드는 법이 나오는데 이와 유사한

방법들이 동시대(혹은 이후) 팔레스타인, 시나이, 시리아의 문헌들에
도 등장합니다. 이 중 일부는 제도교회에도 중요한 기도법으로 자리
잡게 되었는데 동방 정교회의 예수 기도('주 예수 그리스도, 하느님의 아
들이시여, 이 죄인을 불쌍히 여기소서'를 반복해서 되뇌는 기도)는 그 대표적
인 예라 할 수 있습니다.

이처럼 오늘날 그리스도교 교회에서 하는 대부분의 묵상은 사막
수도 공동체에서 나왔다고 해도 과언은 아닙니다. 그러므로 오늘날
우리는 과거 사막 수도사들이 이러한 기도 훈련을 통해 이루고자 한
것이 무엇인지를 알아둘 필요가 있습니다.

7. 오늘날 어떤 사람들이 사막의 수도사들이라고 할 수 있을까요?

오늘날에도 여전히 많은 사람이 다양한 방식으로 사막에 거주하
고 있습니다. 먼저 자기만의 사막으로 떠나거나 사막으로 가게 된
이들이 있습니다. 그들은 다른 이들에게 그리스도인으로서의 진실
함이란 무엇인지를 보여주었습니다. 먼저 떠오르는 이들은 샤를 외
젠 드 푸코Charles Eugene de Foucauld*와 그의 영향을 받아 설립된 예수의

---

* 샤를 외젠 드 푸코(1858~1916)는 로마 가톨릭 사제이자 은둔 수도사다. 프랑스 스트라
  스부르에서 태어나 일찍이 부모를 잃고 외조부 손에 자랐다. 16세 이후 방탕하게 살
  다 육군 사관학교와 기병 학교에 들어간 다음 군인으로 복무하기도 했지만 군대 생활
  도 견디지 못하고 제대하여 사하라 사막으로 들어갔고 그곳에서 거룩한 삶의 가치에
  대해 눈을 뜨게 된다. 1886년 10월 사촌 누이의 소개로 만난 압바 앙리 위블랭Abba

작은 형제회Little Brothers of Jesus입니다. 그들은 실제 사막과 익명의 도시 환경이라는 또 다른 사막에서 그리스도인으로서 자신들의 소명이 무엇인지를 탐구했습니다. 토머스 머튼과 비드 그리피스Bede Griffiths*와 같은 위대한 인물들도 생각이 나네요. 그들은 딱딱하게 굳어져 버린 교회 생활과 습관에 근본적인 질문을 제기했고 경계까지 자신들을 밀어붙였습니다. 그러한 의미에서 그들은 집이 없는 이들이었고, 늘 사막에 있던 이들이었습니다. 두 사람 모두 로마 가톨릭 교회로 개종한 이들이었고, 수도사로서 안전하게 신앙 여정을 시작했지만 여정을 이어갈수록 많은 수도사로부터 수도사는커녕, 가톨릭 신자가 맞느냐는 의혹을 받았습니다. 점차 그들은 앞으로 나아가야 할 길이 잘 보이지 않는 사막의 풍경을 마주하게 되었고 또 다른 지도를 찾아야만 했습니다. 이는 벨기에의 베네딕도회 수도사였던 앙리 르 소Henri le Saux**도 마찬가지였습니다. 그는 기존의 삶과 신앙

Henry Hublin에게 고해성사 후 기도와 금욕의 삶을 시작했으며 트라피스트회 생활, 클라라회 수녀원 문지기 생활을 거쳐 1900년 파리로 돌아와 사제 서품을 받은 뒤 본격적으로 은둔 수도사의 삶을 살았다. 삶의 모범을 통해 복음을 전파하려 한 것으로 널리 알려졌으며 그의 영향으로 '예수의 작은 형제회'와 '예수의 작은 자매들의 우애회'가 설립되었다. 2005년 11월 13일 교황 베네딕트 16세Benedictus XVI에 의해 시복되었다.

* 비드 그리피스(1906~1993)는 로마 가톨릭 사제이자 베네딕도회 수도사이다. 영국 태생으로 어린 시절 그리스도교 신앙을 가졌으며 1940년 사제 서품을 받고 1947년 성 미카엘 수도원 원장 1952년 플루스카르덴 수도원의 수련장과 소장을 역임했다. 48세 때 베네딕도회 공동체를 설립하고자 인도로 갔고 변방의 그리스도교 문화에 깊은 관심을 갖게 되었다. 또한 동서방의 가치들이 창조적으로 대화하는 방법을 깊이 고민해 영적 수행이자 하나의 철학으로서 요가와 그리스도교의 기도를 통합하려 했다. 1993년 세상을 떠났다.

** 앙리 르 소 혹은 아비쉭크타난다Abishiktananda(1910~1973)는 프랑스 태생의 베네딕도회

을 철저하게 돌이켜볼 수 있는 풍경을 찾기 위해 인도로 갔으며 그곳에서 깊은 차원에서 삶과 신앙을 다시 빚어냈습니다.

죽음을 앞두고 독방에 갇혀 지낸 디트리히 본회퍼Dietrich Bonhoeffer도 현대의 사막 수도사라 할 수 있습니다. 그곳에서 그는 놀라울 정도로 진지하게 신앙과 삶에 대해 성찰하고 또 묵상했습니다. 그가 그곳에서 쓴 편지들은 20세기 가장 위대한 신앙 여정의 증거들이라 할 수 있습니다. 1944년 5월 자신의 대자의 세례식을 축복하고자 쓴 편지에서 그는 우리의 종교 언어들이 얼마나 쉽게 공허해지는지, 온 세상을 변화시킬 수 있는 언어들을 어떻게 다시 발견해야 하는지를 말합니다.

> 화해와 구원이란 무엇일까? 거듭남과 성령은 무엇을 의미할까? 원수
> 사랑, 십자가, 부활은 무엇일까? 그리스도 안에서 그리스도를 따르는
> 삶이란 무엇일까? 이 모든 것은 너무나 어렵고 너무나 멀리 떨어져 있
> 기에 우리는 이를 이야기할 수 없단다. 우리는 전해 내려오는 말들과
> 실천들 속에 너무나 새로운 것, 혁명적인 것이 있음을 감지하지. 그러
> 나 우리는 이를 이해해서 표현하지는 못하고 있어. 이것이야말로 우

수도사다. 그는 1948년 더 근본적이고 철저하게 영적인 수행을 하고자 인도로 갔고 그리스도교와 힌두교의 대화를 지속해서 시도했다. 1950년 인도 남부 타밀 나두에 아쉬람을 세워 수행하다가 1968년 공동체를 비드 그리피스에게 넘기고 순례를 떠났다. 1974년 심장마비로 세상을 떠났다.

리 세대의 커다란 잘못이란다.

오늘날 교회는 자신을 보존하는 것만이 자신의 목적이라고 생각하고 이를 위해서만 싸우고 있어. 그 결과 인류와 이 세계에 화해와 구원을 가져오는 말씀을 무가치하게 만들어 버렸단다. 옛 말씀들은 힘을 잃어버린 채 침묵하게 되었지. 우리의 그리스도인 됨은 오늘날 오직 두 가지 것, 즉 기도하고 인간들 사이에서 정의를 행하는 것을 통해서만 이루어질 수 있단다. 그리스도교와 관련된 생각과 언어, 그리고 조직은 이러한 기도와 행위로부터 거듭나야 해.[1]

그가 머무른 사막은 그에게 낡은 언어들이 진부하고 퇴색된 채 여전히 그 자리에 있음을, 우리는 그 언어들에 담긴 참된 의미를 회복시키는 법을 잃어버렸음을, 이러한 가운데 우리가 할 수 있는 일은 가능한 한 말을 줄이고 온 마음과 정성을 다해 기도하고 정의를 행하는 것임을 가르쳐 주었습니다.

또한 데스몬드 투투Desmond Tutu처럼 세상을 변화시키는 가운데 행동과 관조의 조화를 이룬 사람도 있습니다. 우리는 오늘날에도 계속 사막을 찾고 있습니다. 세상과 교회의 경계, 주변부에 머물러 있는 사막의 수도사들을 찾고 있습니다. 우리는 그곳에서 무슨 말이 울려

---

[1] Dietrich Bonhoeffer, *Letters and Papers from Prison*, enlarged edition (London: SCM Press, 1971), 399~400. 『저항과 복종』(대한기독교서회)

사막의 지혜 - 로완 윌리엄스의 사막 교부 읽기

퍼지고 있는지(또한 무슨 말이 울려 퍼지고 있지 않은지) 귀를 기울여야
합니다. 오늘날에도 사막 교부들과 교모들은 분명 존재합니다.

8. 과연 어떤 침묵이 참된 침묵이라 할 수 있을까요?

관건은 침묵의 질에 있습니다. 세상에는 독이 되는 침묵도 있고,
악한 침묵도 있습니다. 다른 누군가에게 침묵을 강제당하면 자기 자
신과 다른 이를 신뢰하지 못하게 되어 자기 자신과 다른 이의 말에
귀를 기울일 수 없게 됩니다. 이때 침묵은 원망과 분노에 휘말린 침
묵이라 할 수 있습니다. 그러나 무언가에 집중하고 관심을 기울일
때 나오는 침묵, 분노가 아닌 평화에서, 상처가 아닌 충만함에서 솟
아나는 침묵도 있습니다. 이러한 방식으로 침묵할 수 있는 자유는
원한, 분노, 권력 투쟁에서 우리가 얼마나 자유로울 수 있는지를 보
여주는 지표가 됩니다. 분명 이러한 침묵은 어렵습니다. 그러나 그
럼에도 불구하고 이러한 침묵은 자유롭게 우리에게 임하는 참생명
의 길, 우리에게 주어진 삶에 대한 가장 크고 확실한 긍정입니다.

저는 종종 아내와 1960년대 사이먼 앤 가펑클Simon and Garfunkel이 부
른 「침묵의 소리」The Sound of Silence에 관해 이야기를 나누곤 합니다.
이 노래에서 침묵은 끔찍한 것, 악의로 가득 차 있고 파괴적인 것입
니다("침묵은 마치 암이 퍼지는 것 같아요"). 노래는 침묵하게 된 이들과

무력하게 흩어져 버린 그들의 언어들, 거짓과 우상이 그들과 그들의 언어가 있어야 할 곳을 차지해버린 상황에 관해 이야기하고 있기 때문입니다. 이러한 침묵은 제가 이야기한 참된 침묵과 정반대의 침묵이라고 할 수 있습니다. 우리는 이 두 침묵의 차이를 명확히 알고 있어야 합니다.

대화를 나눌 때, 강의를 할 때, 사목 활동 중에 이야기를 나눌 때도 우리는 침묵을 읽어낼 수 있어야 합니다. 어떤 경우 침묵은 '이제 그만해야겠어요. 당신과 어떻게 관계를 맺어야 할지, 당신에게 어떻게 반응해야 할지 전혀 모르겠네요. 제가 굳이 이 자리에 있을 필요가 있나 싶습니다'를 뜻할 수 있습니다. 사목자로서 제가 저지른 가장 커다란 잘못은 대화 중에 상대를 침묵하게 만든 것입니다. 제압당했다는 느낌, 무력감을 불러일으켜 아무런 말도 할 수 없게 만들어버린 것이지요. 누군가를 가르칠 때도 침묵이 일어날 수 있습니다. 학생 쪽에서 '당신이 모든 답을 알고 있는 것 같은데 내가 굳이 말을 보태서 당신을 성가시게 할 필요가 있을까요?'라고 침묵할 수 있고 선생 쪽에서도 '당신들이 대화를 나누고자 하지 않는데 내가 굳이 뭔가를 가르친다고 의미가 있을까요?'라고 생각해 침묵을 택할 수도 있습니다. 이와는 또 다르게 적절하고 즐거운 대화 중에도 침묵은 발생할 수 있습니다. 우리는 이 모두를 식별할 수 있어야 합니다. 사목자로 활동하던 시절 아주 어려운 일을 마주했을 때 이에 관해 대화를 나누다 모두가 침묵에 잠긴 순간이 있었습니다. 돌이켜보면 그 침묵은 분명 올바른 침묵이었습니다.

9. 앞으로 교회는 어떻게 될까요?

우리가 신뢰해야 할 것은 오직 죽음의 힘도 교회를 누르지 못할 것이란 그리스도의 약속뿐입니다. 저는 그 약속을 믿습니다. 교회는 다른 무엇보다 예수가 성령을 받으라고 부른 이들, 예수가 자신의 아버지, 영원한 생명의 원천과 맺은 관계를 나누기 위해 부른 이들의 공동체입니다. 예수 그리스도께서 초대를 멈추지 않으실 것이므로 교회는 사라지지 않을 것입니다. 이것이 핵심이고 저는 이를 신뢰합니다.

물론 시간이 지날수록 전 지역을 아우르는 하나의 제도로 교회가 존재할 것 같지는 않아 보입니다. 그렇다고 해서 산발적으로 흩어진 교회들만이 있을 것 같지도 않습니다. 이미 어떤 지역에서는 그런 모습이 나타나고 있습니다. 꽉 막힌 형태의 한 '교회'가 아닌, 여러 '교회들'이 다양한 표현양식과 언어를 받아들이고 서로 교류하고 있습니다. 이러한 환경의 변화로 인해 교회의 지도자로 부름을 받은 이들, 교회들을 지도하도록 부름받은 이들의 부담은 더 커졌습니다. 이들은 다양한 교회가 서로 경쟁하거나 부조화를 이루는 대신 다른 상태로 거듭나게끔, 서로 (그리고 하느님의 말씀과) 조화를 이루며 선율을 내게끔 도와야 합니다. 주교로서 저는 제가 수행해야 하는 업무 중 이러한 일이 점점 더 큰 비중을 차지하고 있다고 생각합니다.

10. 제도교회가 사막 수도사들처럼 관조의 여정을 가르칠 수 있을까요?

교회는 언제나 중심부가 아니라 가장자리부터, 주변부부터 갱신되었습니다. 제도교회가 할 수 있는 일에는 한계가 있습니다. 제도는 그 자체로 역동성을 지니고 있음과 동시에 고유한 문제 또한 가지고 있습니다. 그리고 갱신은 중앙에서 세우는 계획으로는 일어나지 않습니다. 성 프란치스코St Francis가 교황 인노켄티우스 3세Innocent III를 찾았지 인노켄티우스 3세가 성 프란치스코를 찾아가지는 않았습니다. 모두가 알고 있듯 베네딕도 수도회는 교회사와 유럽 역사에 커다란 영향을 미쳤고 오늘날 묵상과 관조에 관한 가르침에서 커다란 비중을 차지하지만, 이는 그들이 의도하거나 계획해서 뒤따른 결과가 아닙니다.

현재 제도교회에서는 주교가 관장하는 교구 중심 체제가 주를 이루고 있지만, 이 역시 교회가 존재하는 여러 방식 중 하나일 뿐입니다. 교인들을 양육하는 것은 비단 그들이 소속된 교구 내 지역 교회뿐만이 아닙니다. 지역 교회들을 가로질러 유대관계와 관계망 또한 그들을 양육하고 지탱합니다. 교회에 대한 새로운 전망은 교구 중심 체제 안에서 일어나는 일과 그 외의 관계망을 통해 일어나는 일들을 두루 살피는 가운데 제시되어야 합니다. 대다수 그리스도교인은 지역 교회, 지역 그리스도교 공동체에 관해 생각할 때 기능적으로만 생각하는 경향이 있습니다. 성사적 예배를 드리기 위한 공간, 혹은 성사적 예배를 함께 드리는 모임 정도로 말이지요(이때 성사들은 반복해서 해야 하는 의무로 여겨지고요). 하지만 우리는 좀 더 자유롭게 상상력을 발휘할 필요가 있습니다. 성사들에 덧붙여 우리는 공부와 기도를 통해 다른 방식의 "함께하는 삶"을 빚어나가는 공동체로서 교회를 일굴 수 있습니다. 이른바 주일에만 예배를 드리는 교회 모형에 도전하는 것이지요.

자세히 설명하기는 어렵습니다만, 또 하나 제안할 것이 있습니다. 우리 중 누군가가 기꺼이 교회가 어떻게 일치를 이루어야 하는지, 일치를 이루는 기반은 무엇인지를 계속해서 묻고 탐구하는 것입니다. 저는 교회의 일치는 근본적으로 그리스도를 향한 시선, 그리고 그리스도를 통해 가능케 된 아버지의 신비를 향한 시선에 바탕을 둔다고 확신합니다(이는 성사를 가능케 하며, 우리는 성사를 통해 이를 기념합니다). 우리의 공동체성이 서로에게 "저걸 봐!"라고 말하며 함께 신비를 들여다보는 것에서 비롯된다면 교회의 (기쁨에 찬) 일치란 제도나 법적인 문제가 아니라는 것을 좀 더 분명하게 알 수 있게 될 것입니다. 그리스도 안에서 우리는 함께, 같은 방향을 바라보기 위해, 그곳으로 나아가기 위해 노력해야 합니다. 이는 서로에게 무엇을 보고 있는지 묻는 과정을 포함합니다. 저는 이러한 노력이 지속해서 이루어진다면 교회에서 관조적인 차원이 살아 숨 쉴 수 있는 더 많은 공간이 활성화될 것이라고 믿습니다. 신비를 함께 볼 사람들이 충분치 않을 때 '일치' 혹은 '연합'은 그저 기능적인 역할만 하게 될 것입니다. 그저 몇몇 행사를 함께 하기 위해 일을 나누는 수준 정도에서 그치겠지요. 하지만 일치는 그 이상으로 생생한 활력을 지닐 수 있음을 우리는 기억해야 합니다.

11. 마이스터 에크하르트 Meister Eckhart**는 "침묵만큼 하느님다운 것은 없다"라고 말했습니다. 무슨 의미인가요?**

침묵은 무언가가 그 본연의 모습으로 본연의 활동을 하게끔 내버려 두는 것을 의미합니다. 그러한 의미에서 침묵은 근본적으로 하느님이 하느님으로서 활동하시게 하는 행동이라고 할 수 있습니다. 아무런 말도, 어떠한 행동도 할 수 없는 순간들을 경험할 때 침묵은 그 순간에 담긴 진실과 아름다움을 침범하거나 훼손하지 않은 채 우리를 하느님께로 인도합니다. 야고보 원복음서the Protogospel of James라고 불리는 2세기 그리스도교 문헌에는 그리스도의 탄생 순간을 그린 부분이 있습니다. 요셉은 산파를 찾아 나가고 마리아 혼자 동굴에 있습니다. 요셉이 마을에 거의 도착할 즈음 갑자기 시간이 멈춥니다. 그는 들판에 있던 한 목동이 자신이 먹을 빵을 솥에 넣어둔 채 입을 가리고 멈춰 있는 모습을 보고 공중을 날던 새들이 그대로 멈춰 있는 모습을 봅니다. 잠시, 모든 것이 그 자리에 있다가 다시 움직이기 시작했습니다. 요셉은 그 절대적인 정적의 순간, 아기가 탄생했음을 알았습니다.

12. 신성한 것과 세속적인 것의 경계는 무엇인가요?

19세기 웨일스어로 시를 썼던 아이슬윈Islwyn은 그의 작품 중 한 곳에서 "만물은 신성하다"고 말했습니다. 때때로 우리는 신성한 영역과 세속적인 영역이 따로 존재하며 분명하게 구분된다고 여깁니다. 신성한 영역과 세속적인 영역이 뒤섞이지 않은 채 나란히 있는 모습을 연상하는 것이지요. 하지만 저는 그보다는 겹쳐져 있는 모습을 선호합니다. 근본적으로 만물은 신성합니다. 만물에는 하느님의 손길이 닿아있기 때문입니다. 동방 그리스도교의 표현을 빌리면 하느님의 지혜 안에서 만물은 서로 겹쳐 있고 서로 얽혀 있습니다. 그러나 무언가를 통제하려는 충동, 그리고 환상이 맞물려 만물이 서로 얽히며 살아 움직이는 현실을 딱딱하게 만들어 버릴 때 세속성이 발생합니다. 이러한 세속성은 광고에서 자주 발견됩니다. 그러한 광고를 만드는 사람들, 광고를 만들게 한 사람들은 '개인'으로서는 그렇게 사악하지 않습니다. 그러나 그들은 환상을 불러일으키며 표면적인 반응에만 집착하게끔 우리 모두를 통제하는 활동에 참여하고 있습니다. 이러한 가운데 거룩함을 추구하는 것은 표면 아래 있는 어떤 신성한 영역을 찾는 것이 아니겠지요.

13. 아케디아 상태가 올 때 어떻게 대처하시나요?

고백의 시간을 갖습니다. 저도 자주 깊은 불안에 빠집니다. 에바그리우스가 말했듯 지금 이곳에서는 하느님을 더 잘 섬기지 못하게 될 것이라는 불안 말이지요. 아침 내내 온갖 서류들에 서명한 다음 별다른 의미도 없고 마음만 불편하게 만드는 통화를 네 번쯤 한 뒤에 '이 모든 것이 다 뭘 위한 거지?'라는 질문이 들 때가 한두 번이 아닙니다. 그런 질문을 하는 것도 잠시고, 내년 예산에 대한 우울한 회의가 진행됩니다. 점심을 먹고 나면 투자 자문단과 회의를 해야 하고 회의를 마친 다음에는 학교 강연을 진행해야 합니다. 강연을 마치고 난 뒤에는 어느 지역 교회의 담당 사제 인준과 관련한 회의에 또다시 참석해야 합니다. 각 일정 사이에는 대략 20분 정도의 여유가 있을 뿐입니다. 주교로서 저는 이 모든 일을 해야만 합니다. 주교 서품을 받을 때는 이런 일을 하게 될지 몰랐다는 생각에 휘말릴수록, 이 모든 일을 하는 가운데 거룩해지기란 너무 힘들다고 자조적인 말을 되뇌면 되뇔수록 저는 아케디아 상태에 빠집니다. 어떻게한다 하더라도 이 모든 일을 더 간편하게, 손쉽게 할 수는 없을 것입니다. 이러한 상황에서 유일한 해결책은 현재, 지금 이 순간에 더깊게 들어가는 것뿐입니다. 온갖 잡념들이 솟아날 때면 저는 창밖을 보며 의자 팔걸이에 제 손을 올리고 지금, 이곳에 무엇이 있는지를 느끼려 합니다. 이곳에서 어떠한 일이 돌아가고 있는지를, 이러한 일들이 일어나게 된 맥락을, 이러한 일들을 둘러싼 상황을 감지하려 합니다. 그다음 크게 숨을 쉬고 되뇝니다. "내가 있는 곳은 바로 여기야. 지금 여기 있는 내가 바로 진짜 나야. 그리고 나는 이 일을 해야 해. 바로 이곳에 하느님이 계셔." 저는 황량한 사막에서 수도사들이 바구니를 엮을 때 이러한 말을 되뇌지 않았을까 짐작해 봅니다. 하느님을 어떻게 섬겨야 하는지 알고 있는 분이 있습니까? 그렇다면 지금 서 있는 그 자리에서 그 일을 하십시오. 하느님께서는다른 어떤 곳이 아닌 바로 지금, 여기에서 우리를 만나주시니 말이지요. 요한 복음서 12장에서 예수는 말했습니다.

내가 있는 곳에는 나를 섬기는 사람도 같이 있게 될 것이다.

(요한 12:26)

지금 제가 있는 이곳, 제가 주님을 섬기기 위해 애쓰는 바로 이곳에 주님께서 함께하십니다. 그러므로 제가 교구 상임위원회에 참석하는 동안 예수 그리스도께서는 저와 함께하십니다. 결혼 생활에 어려움을 겪고 있는 성직자에게 주교로서 제대로 조언하지 못했을 때도 주님은 저와 함께하십니다. 저의 소관이 아닌 일임에도 불구하고 저를 향해 온갖 분노어린 욕설을 퍼붓는 편지를 읽은 후 제 안에서 솟구치는 화를 가라앉히려 20까지 숫자를 셀 때도 주님은 저와 함께하십니다. 이러한 순간들을 마주할 때마다 그곳에 예수 그리스도께서 함께하신다는 것을 우리는 깨달아야 합니다. 그분께서 우리와 함께하시겠다고 말씀하셨기 때문입니다.

내가 있는 곳에는 나를 섬기는 사람도 같이 있게 될 것이다.

주님께 그 순간의 문을 여는 것, 그분과 함께 그 순간에 깊이 들어가는 것, 이것만이 아케디아 상태에서 벗어날 수 있는 유일한 해결책, 그리고 참된 해결책입니다.

14. 사막과도 같은 현대 문화에서 종교 교육은 어떻게 이루어져야 할까요?

이를 논의하기 위해서는 먼저 우리가 삶을 온전히 살기 위해 종교를 믿는지, 아니면 의무를 지키고 누군가를 통제하기 위해 종교를 믿고 있는지 답해야 할 것입니다. 종교 교육의 과제가 '영혼을 가르치는 것'에 있다면 종교 교육은 모든 측면에서 한 사람 한 사람의 존귀함을 일깨우고 평화의 가치를 전해야 할 것입니다. 즉 모든 사람이 (자신이 무언가를 할 때만 자신이 가치 있다고 여기는 것이 아니라) 안식 중에 자신이 가치 있는 존재임을 발견할 수 있도록 도와야 합니다. 안식 중에 하느님께서는 우리에게로 오셔서 우리를 새롭게 빚어내시고 변화시키시기 때문입니다. 특히 초등 교육기관에서 이루어지는 종교 교육에서 제가 중시하는 것은 자신의 가치, 평화의 가치에 대한 메시지가 초등 교육 기간 내내 전해져야 한다는 것입니다. 학교에서 3~400명의 아이가 침묵에 잠긴 채 묵상하는 법을 익히는 광경보다 더 멋진 광경은 그리 많지 않을 것입니다. 저는 실제로 이러한 일이 일어나는 것을 본 적이 있습니다. 아이들은 이러한 훈련을 통해 "하느님께서 너희 곁에 계신단다. 그 곁에 앉아 숨을 쉬어보렴"이라는 가르침을 받습니다. 안식 중에 자신의 가치를 발견하는 일은 이렇게 일어납니다. 저는 종교에 관한 일정한 지식을 가르쳐주는 일보다 이러한 일이 종교 교육에서 훨씬 더 중요하다고 생각합니다.

어떤 식으로든 아이들이 자신의 인간됨을 체험하도록 돕지 않는다면 그들은 신앙인으로서 성숙한 인격을 갖추기 힘들 것입니다. 신학자로서 저는 그들이 인간으로서 창조되고 사랑받고 치유되는 경험을 해야만 한다고, 이를 경험할 수 있도록 해야 한다고 생각합니다. 이와 관련된 단어들을 가지고 가르침을 전하는 것은 어려운 일이 아닙니다. 그러나 그 이전에 몸으로 맛보고, 감지하고, 익히는 것이 기본이 되어야 합니다. 그리스도교인으로서 우리는 그리스도교에 관한 가능한 한 많은 정보를 아이들에게 제공해야 한다는 유혹에 휘말리기 쉽습니다. 하지만 진정으로 신경 써야 할 것은 학교의 문화, 그리고 분위기입니다. 아이들은 다른 무엇보다 자신들을 둘러싼 문화와 분위기의 영향을 받으니 말이지요. 오늘날 교육기관들은 너무나 자주 아이들을 긴장하게 만드는 분위기를 조성합니다. 빈 공간이 있어서는 안 된다고, 시간을 낭비해서는 안 된다고 가르칩니다. 그래서 예술, 음악, 드라마, 심지어 체육 활동마저 경쟁의 형태를 띠게 만듭니다. 이는 아이들에게 불안을 조성하며 이러한 분위기 속에서는 우리가 아무리 종교나 영적인 문제에 관해 말한다 할지라도 별다른 소용이 없습니다. 오히려 무신론자들을 양산하게 될 확률이 높습니다. 이러한 분위기에서 나오는 인간은 망가지고 부서진 인간성을 지니고 있기 때문입니다.

15. 사막 교부와 교모는 오늘날의 젊은 사람들에게 어떤 말을 해줄까요?

뭐가 그렇게 급하냐고 물어볼 것 같습니다. 그들은 우리 문화가 속도에 지나치리만큼 골몰하고 찬사를 보낸다는 것을 매우 흥미롭게 관찰할 것입니다. 무언가를 얻기 위해 서두르는 모습을 보며 그것이야말로 거짓의 지표이자 우리가 존재하는 방식을 잘못 이해한 것이라 말하겠지요. 우리에게 충분한 시간을 가지라고 권할지도 모르겠습니다. 그 시간 동안만 우리는 단순히 한 개인 이상의 존재임을 깨달을 수 있으니, 그 시간 동안만 우리는 우리 자신이 속한 세계와 우리 자신을 둘러싼 이들의 특성을 받아들이고 반영하는 방식으로 우리를 세울 수 있기 때문입니다.

16. 당신은 주교가 되기 위해 무엇을, 어디를 떠나야 했나요?

모든 것을 떠나야 했습니다. 예를 들자면 평화와 고요함이지요. 초기에 다짐했던 것은 순진함에서 벗어나야 한다는 것이었습니다. 이는 단순히 학계에서 떠난다는 말을 의미하지 않고 학계가 마냥 순진한 세계라는 뜻도 아닙니다. 다만 저는 주교로서 결단을 내려야 할 때 그것이 매우 고된 일이며 누군가에게 상처를 입힐 수도 있다는 것을, 이를 다른 누구보다 저 자신이 분명하게 인지해야 한다는 것을 되새겨야 했습니다. 주교라는 공인이 된다는 것은 오해를 받더라도 이에 관해 해명할 기회를 얻지는 못한다는 것을 뜻합니다. 해명을 하려고 하면 자신을 오해한 이들에 대한 앙갚음이 곁들여진 자기정당화라는 큰 짐을 져야 할 테니 말이지요. 또한 다른 주교들과 마찬가지로 저 역시 만족스럽던 환경을 포기해야 했습니다. 이 모든 것이 주교직을 맡게 된 이들이 받게 되는 달콤하고도 쓰라린 선물입니다. 주교가 된 사람이라면 모두 이러한 상황에 익숙해져야 합니다. 누구나 자신에게 주어진 소명을 감당하기 위해서는 무언가를 과거에 남겨두어야, 무언가를 버려야 합니다. 복음은 우리를 다른 사람들의 환상 속에서 사는 삶, 그들을 위해서 할 수 있는 일은 실질적으로 아무것도 없는 삶을 살게 할지도 모릅니다. 이러한 삶은 마치 감옥에서 살아가는 삶처럼 다가올지 모르고 마음에 적잖은 상처를 입게 될지도 모릅니다. 이는 사목자라는 현실을 살기로 했으면 감내하고 치러야 할 대가입니다. 주교가 되었을 때 저는 이렇게 제가 치러야 할 대가에 대해 숙고했습니다. 대주교가 되었을 때는 더 말할 것도 없었지요.

17. 사막 교부들의 몸에 관한 가르침에는 부분적으로만 동의합니까?

그렇습니다. 물론 초기 그리스도교 전통이 대부분 그러했듯 사막 교부들은 다양한 측면에서 몸에 관해 가르쳤고 그중에는 몸에 관해 부정적으로 언급한 가르침도 있습니다(사막 수도사 중에는 "내 몸이 나를 죽이려 한다. 그러므로 나는 몸을 죽이려 한다"고 말한 이도 있습니다). 그러나 동시에 우리는 사막 수도사들이 실천하고 수행하는 가운데 자신들의 몸을 매우 중시했다는 점을 유념해 둘 필요가 있습니다. 그리스도교 금욕주의 역사는 몸을 중시하는 풍조와 몸을 경시하는 풍조가 긴장을 이루며 진행되어 왔습니다. 그리스도교는 몸을 결코 중립적인 것, 혹은 순전히 악한 것으로 보지 않습니다. 그리스도교적 관점에서 몸은 끊임없이 분투가 이어지는 곳입니다.

금욕주의란 우리 몸에 관해 무언가 말을 건네는 한 가지 방식입니다. 우리는 우리의 몸에게 무슨 말을 건네야 할까요? 결혼을 하며 배우자에게 성적으로 신의를 지키겠다고 맹세하는 것도 몸에게 말을 건네는 것이라 할 수 있습니다. 최근 몇십 년간 이루어진 연구들은 오랜 기간 교회가 초기 그리스도교 교부들이 금욕과 관련해 논의한 이야기들에서 지나치게 표면적인 뜻만 살피려 한 나머지 그 이야기들이 근본적으로는 하느님, 세상과 교류하고 연결되는 방식으로서 몸이 지닌 심대한 중요성, 창조적 가능성을 강조한다는 것을 간과했음을 보여주고 있습니다. 그리스도교는 이 모든 것이 뒤섞인 메시지를 유산으로 전해 받았으며 오늘날 우리는 이를 좀 더 분별해서 바라볼 수 있게 되었습니다. 저는 이 책을 통해 오늘날 독자들이 가장 간과하기 쉬운 부분, 무시할 수 있는 부분을 드러내려 노력했습니다. 사막의 지혜가 우리를 더 긍정적인 방향으로 인도할 수 있다고 믿기 때문입니다.

어떤 면에서 우리는 여전히 초대교회입니다. 우리가 알고 있는 것은 교회의 이른 모습, 여물지 않은 모습뿐이며 이 공동체가 점차 성장해 나갈 때, 무르익을 때 어떻게 될지 어느 곳에 다다르게 될지 온전히 알지 못한다는 점에서 그렇습니다. 사막 수도사들의 가르침에는 이와 관련해 우리가 가질 수 있는 모든 질문이 담겨 있습니다. 그러나 그들이 궁극적으로 가리키는 것은 이 질문들과 대답이 다르게 보일 미래, 침묵 가운데 하느님을 응시하게 될 미래입니다.

지중해

예루살렘

알렉산드리아

나일 강 삼각주

◇ **니트리아**

◇ **켈리아**

◇ **스케티스**

○ **바빌론(카이로)**

○ **투라**

글중 산

시나이 반도

홍해

○ **테베**

범례

◇ 사막 교부 활동 지역
○ 당대 주요 도시

사막 교부들의 활동 지역

더 읽어보기

1. 원전

· Benedicta Ward, *The Sayings of the Desert Fathers: The Alphabetical Collection* (Oxford/Kalamazoo: A.R. Mowbray/Cistercian Publications, 1975, Revised edition 1984), 「사막 교부들의 금언 : 알파벳순 모음집」(분도출판사)

· Benedicta Ward, *The Sayings of the Desert Fathers: Apophthegmata Patrum* (Oxford/Kalamazoo: A.R. Mowbray/Cistercian Publications, 1975), 「깨달음」(규장)

· John Wortley, *Give Me a Word: The Alphabetical Sayings of the Desert Fathers* (NY: St Vladimir's Seminary Press, 2014)

· John Chryssavgis, *Letters from the Desert* (NY: St Vladimir's Seminary Press, 2003)

· Tim Vivian, *St. Macarius the Spiritbearer: Coptic Texts Relating to Saint Macarius the Great* (NY: St Vladimir's Seminary Press, 2011)

· Tim Vivian, *Four Desert Fathers: Pambo, Evagrius, Macarius of Egypt & Macarius of Alexandria* (NY: St Vladimir's Seminary Press, 2004)

· Boniface Ramsey, *John Cassian: The Conferences* (NY: Paulist Press, 1997), 「요한 카시아누스의 담화집」(은성)

· Jeremy Driscoll, *Evagrius Ponticus: Ad Monachos* (NY: Paulist Press, 2003), 「공동생활을 위한 권고」(분도출판사)

· John Wortley, *Palladius: The Lausiac History* (Oxford/Kalamazoo: A.R. Mowbray/ Cistercian Publications, 2015), 『팔라디우스의 초대 사막 수도사들의 이야기』(은성)

· Tim Vivian and Apostolos N. Athanassakis with Rowan A. Greer, *The Life of Anthony: The Coptic Life and the Greek Life* (Oxford/Kalamazoo: A.R. Mowbray/ Cistercian Publications, 2003), 『사막의 안토니우스』(분도출판사)

2. 2차 문헌

· Douglas Burton-Christie, *The Word in the Desert: Scriture and the Quest for Holiness in Early Christian Monasticism* (New York/Oxford: Oxford University Press, 1993)

· John Chryssavgis, *In the Heart of the Desert: The Spirituality of the Desert Fathers and Mothers* (Bloomington, Indiana: World Wisdom Books, 2003)

· Graham Gould, *The Desert Fathers on Monastic Community* (Oxford: Clarendon Press, 1993)

· Marek Starowieyski, ed., *The Spirituality of Ancient Monasticism: Acts of the International Colloquium Held at Cracow-Tymic 1994* (Tymic/Cracow, 1995)

· Columba Stewart, *Cassian the Monk* (Oxford: Oxford University Press, 1998)

· Stelios Ramfos, *Like a Pelican in the Wilderness : Reflections on the sayings of the Desert Fathers* (Brookline, Massachusetts: Holy Cross Orthodox Press, 2000)

세계 교회사	이집트 교부사
249-251 데키우스 박해 284 디오클레티아누스 황제 취임	251 안토니우스 출생 271 안토니우스 금욕생활 시작 292 파코미우스 출생 293 알렉산드리아의 마카리우스 출생 　　　가자 근교에서 힐라리온 출생
303 디오클레티아누스 황제 그리스도교 　　　탄압을 위한 칙령 발표, 그리스도교 　　　박해 313 밀라노 칙령, 박해 종식 315-325 아리우스 알렉산드리아에서 　　　활동 325 니케아 공의회에서 아리우스 단죄 328 아타나시우스 알렉산드리아의 총대주 　　　교가 됨 335-337 아타나시우스 첫 번째 유배 339-346 아타나시우스 서방으로 유배 361 배교자 율리아누스 황제 취임 373 아타나시우스 세상을 떠남	300 이집트의 마카리우스 출생 304 팜부스 출생 　　　리코폴리스의 요한 출생 306 테바이드에서 아폴론 출생 311 안토니우스 알렉산드리아의 순교자들 　　　방문 313 안토니우스 콜줌 산으로 감 　　　파코미우스 세례받음 330 암모니우스 니트리아로 감 　　　이집트의 마카리우스 스케티스로 감 333 알렉산드리아의 마카리우스 세례받음 338 안토니우스 알렉산드리아와 니트리아 　　　로 감 340 이집트의 마카리우스 사제 서품받음 341 안토니우스와 테베의 파울루스 만남 346 파코미우스 세상을 떠남 352 암모니우스 세상을 떠남 356 안토니우스 세상을 떠남 357 힐라리온 콜줌 산 방문 　　　아타나시우스 『안토니우스의 생애』 　　　저술 373-375 루피누스와 멜라니아 이집트 　　　방문 　　　팜부스 세상을 떠남

세계 교회사	이집트 교부사
	383 에바그리우스 니트리아로 감
385 테오필루스 알렉산드리아의 총대주교 가 됨	385 에바그리우스 켈리아로 감 히에로니무스와 파울라 알렉산드리아 와 니트리아 방문
	388 팔라디우스 알렉산드리아로 감 요한 카시아누스 이집트로 감
	390 이집트의 마카리우스 세상을 떠남 팔라디우스 니트리아로 감
	391 팔라디우스 켈리아로 감
	393 알렉산드리아의 마카리우스 세상을 떠남
	394 아르세니우스 스케티스로 감 『이집트 수도사들의 역사』 편집
	395 아폴론 세상을 떠남 리코폴리스의 요한 세상을 떠남
398 요한 크리소스토무스 콘스탄티노플의 주교가 됨	399 에바그리우스 세상을 떠남 팔라디우스와 카시아누스 이집트를 떠남
400 알렉산드리아 교회 오레게네스주의 단죄	400 포스투미아누스 이집트로 감
	406 『이집트 수도사들의 역사』 라틴어로 편역
407 요한 크리소스토무스 세상을 떠남	407~408 스케티스의 첫 번째 파괴 모세 세상을 떠남 포이멘과 그의 동료들 테레누티스로 감
412 키릴루스 알렉산드리아의 총대주교가 됨	419 팔라디우스 『라우수스의 역사』 출간
	421 요한 카시아누스 『제도집』 출간
	426 요한 카시아누스 『담화집』 출간
428 네스토리우스 콘스탄티노플의 주교가 됨	
431 에페수스 공의회 개최, 네스토리우스 면직	434 스케티스의 두 번째 파괴 아르세니우스 투라로 감
444 알렉산드리아의 키릴루스 세상을 떠 남	449 아르세니우스 세상을 떠남
451 칼케돈 공의회 개최, 단성론 단죄됨	

사막의 지혜
— 로완 윌리엄스의 사막 교부 읽기

초판 1쇄 | 2019년 5월 30일
　　2쇄 | 2019년 12월 6일

지은이 | 로완 윌리엄스
옮긴이 | 민경찬 · 이민희

발행처 | ㈜타임교육
발행인 | 이길호
편집인 | 김경문
편　집 | 민경찬 · 양지우
검　토 | 방현철 · 손승우 · 정다운
제　작 | 김진식 · 김진현
재　무 | 강상원 · 이남구 · 진제성
마케팅 | 이태훈 · 방현철
디자인 | 민경찬 · 손승우

출판등록 | 2009년 3월 4일 제322-2009-000050호
주　소 | 서울시 강남구 봉은사로 442 75th Avenue 빌딩 7층
주문전화 | 010-9217-4313
팩　스 | 02-395-0251
이메일 | innuender@gmail.com

ISBN | 978-89-286-4553-4 (04230)
　　　978-89-286-3073-8 (세트)
저작권 ⓒ 2019 (주) 타임교육